Jak kupić samochód w USA?

Porady rzetelnego sprzedawcy

Richard A. Czekaj

ISBN: **978-0-557-70752-2**

Korekta: Joanna Senderska

Wszelkie Prawa Zastrzeżone

SPIS TREŚCI

Jak kupić samochód w USA?

Porady rzetelnego sprzedawcy

Pracując w różnych okresach czasu w sześciu przedsiębiorstwach dilerowskich w USA, sprzedając zarówno samochody importowane, jak i amerykańskie, tanie i luksusowe, w New Jersey i na Manhattanie, przekonałem się, że Polacy są często nieświadomi niebezpieczeństw związanych z zakupem samochodu i bardzo często są wykorzystywani przez nieetycznych sprzedawców, ponosząc przy tym ogromne koszty finansowe i emocjonalne.

Ponieważ mieszkałem w takich miejscach, jak Milwaukee, Detroit, Nowy Jork, New Jersey czy Kalifornia, a często bywałem w Chicago, Seattle, Washington, Teksasie i wielu innych stanach, dochodzę do wniosku, że taka sytuacja ma miejsce w całych Stanach Zjednoczonych. Jeśli coś takiego przydarzyło się Państwu, Państwa rodzinie czy przyjaciołom, czy też planujecie Państwo zakup samochodu, ta książka pomoże wam poznać proces sprzedaży, pułapki i niebezpieczeństwa, na jakie jesteście narażeni, a także sposoby ich uniknięcia. Jest to taki osobisty poradnik rzetelnego sprzedawcy, bo tacy też występują w tej branży, niestety coraz rzadziej.

Uważam, że należy wspierać uczciwych i rzetelnych przedsiębiorców i sprzedawców, dając im nasz business, a za wszelką cenę unikać tych, którzy bez skrupułów nastawiają się na szybki i największy zysk. Moja zasada i sugestia dla Państwa jest prosta: jeżeli ktoś okazuje nam, swoim klientom, brak szacunku, nie będę kupował u niego samochodu, nawet jeśli jego lokalizacja jest dla mnie wygodna czy w ostateczności obniży cenę z obawy przed konkurencją. Na dłuższą metę będzie to dla wszystkich korzystniejsze.

Ja jedynie dzielę się wiedzą zdobytą z trudem przez wiele lat, która pomoże wam zaoszczędzić tysiące dolarów, Państwo natomiast podejmiecie decyzję, jak te informacje najlepiej wykorzystać. Takich opracowań jest w języku angielskim bardzo dużo, ale nie spotkałem jeszcze dobrego i zwięzłego poradnika w języku polskim. Jeśli stwierdzicie, że dzięki tej książce pozostała

Wam w portfelu niezła suma pieniędzy, to proszę o przekazanie jej części na cele charytatywne, na przykład na potrzeby Kościoła Chrześcijan Wiary Ewangelicznej w Kielcach, do którego uczęszczam, kiedy jestem w kraju, czy też na potrzeby Salvation Army lub Caritas w USA. Obu tym instytucjom możecie Państwo przekazać stary samochód i odpisać to sobie od podatku na końcu roku.

Tę książkę dedykuję tym wszystkim, którym niestety nie byłem w stanie pomóc, tak jak bym sobie tego życzył. Przede wszystkim dziękuję klientom, pracodawcom i autorom angielskojęzycznym, którzy byli inspiracją w powstaniu tego dzieła, bez względu na to, czy dobrą czy niestety tą złą.

Nie jest to też książka mająca ułatwić życie tym, którzy chcieliby, jak to się potocznie mówi, „ukraść samochód", nie płacąc za niego uczciwej ceny. Cały proces może dać dużo zadowolenia i radości z nowego samochodu jedynie wtedy, jeśli będzie uczciwy - zarówno dla klienta, jak i dilera, który też musi mieć odpowiedni zysk, aby utrzymać się na rynku i zapewnić Państwu wysoką jakość usług. Nikt z nas, będąc w Macy's, nie obraża się na sprzedawcę, że nie mówi, ile on czy jego sklep zarabia na zegarku, a jest to proporcjonalnie znacznie więcej niż zyskuje się na sprzedaży nowego samochodu. Co najwyżej wykorzysta kupon czy rabat na kartę kredytową.

Będę pisał o sprawach oczywistych dla wielu z Państwa, ale proszę o cierpliwość, ponieważ doświadczenie nauczyło mnie, że dla większości nawet te - wydawałoby się - oczywiste i na pozór proste sprawy są czymś, co trzeba jednak wyjaśnić i poukładać. Mam nadzieję, że każdy wybierze z tej książki to, co będzie dla niego pożyteczne i pomocne, a skorzystają na tym wszyscy, łącznie ze sprzedawcami i dilerami. Zapraszam do lektury.

Rozdział 1

Decyzja zakupu i wybór samochodu

Mamy już nieco pieniędzy w banku, czas kupić wreszcie nowy samochód. Od czego zacząć? Nagle pojawia się więcej pytań niż odpowiedzi. Mamy dość problemów z naszym starym, zbyt długo używanym samochodem. Koszty napraw zaczynają wzrastać, a pierwsza rdza tu i ówdzie przynagla do podjęcia decyzji. Nowy, ale który? Leasing czy zakup? Proszę, nie pędźcie wtedy Państwo do dilera szukać natchnienia i pomysłów czy „tylko popatrzeć".

To się może skończyć niepotrzebnym i zbyt kosztownym zakupem. Ciągle wystarczy tylko podpisać papier, by wyjechać nowiutkim i pięknym samochodem. Jest to bardzo łatwe, ale nie bez konsekwencji. Popatrzeć można wtedy, kiedy nie potrzebujemy samochodu w najbliższym czasie albo kiedy jesteśmy do tego przygotowani. Nigdy nie kupujmy samochodu impulsywnie i pod wpływem emocji. W tym momencie musimy spokojnie przeanalizować nasze potrzeby i zwyczaje. Pomoże to nam trzymać się planu, kiedy diler będzie próbował sprzedać nam samochód, który ma na stanie i którego chce się pozbyć, a nie ten, którego naprawdę pragniemy i potrzebujemy.

Pierwsze pytanie to: na jaki samochód nas stać? Marzenia o pięknym Ferrari czy Maybachu musimy skonfrontować ze stanem konta i miesięcznymi dochodami. **Nie mylmy potrzeb z pragnieniami**. Jeśli nie mamy gotówki na pełną zapłatę, to najważniejsze jest, ile jesteśmy w stanie wyłożyć na przedpłatę, tak zwany *downpayment,* i ile możemy płacić miesięcznie. Jeśli mamy stary samochód, to jego wartość pomoże nam zwiększyć przedpłatę i przez to zmniejszyć miesięczne opłaty. Etap sprzedaży starego samochodu dilerowi, *trade-in,* wymaga obszerniejszego omówienia (mówię o tym przy opisie negocjacji i w rozdziale 6).

Miesięczne opłaty zależą od tego, czy planujemy samochód kupić czy wziąć w leasing. Jeśli chodzi o *downpayment,* to jestem zwolennikiem jak największej sumy przy zakupie samochodu i zerowej przedpłaty, kiedy samochód bierzemy w leasing. Większa przedpłata zmniejsza nam koszty finansowania i przez to całkowity koszt samochodu, natomiast przy kradzieży wyleasingowanego samochodu nasza przedpłata, mówiąc w najprostszy sposób, przepada.

Określenie naszego budżetu na początku procesu jest ważne nie tylko ze względu na naszą stabilność finansową po zakupie, ale także ze względu na pomoc w procesie negocjacji. Tym, którzy jeszcze myślą o zakupie samochodu trochę na sposób europejski i w miarę stałych cenach, przypominam, że w USA wszystko podlega negocjacji, a dla dilera najważniejszy jest zysk.

Większość sprzedawców będzie chciała sprzedać nam samochód, na którym - jak się to potocznie mówi - można najwięcej zarobić lub najmniej stracić. Na przykład najnowszy i najdroższy model lub starszy rocznik, samochód używany przez pracowników dilera, tzw. *demo,* albo pojazd w jakiś sposób uszkodzony i potem naprawiony. Czasami zdarzają się uszkodzenia podczas transportu lub na posesji dilera. Presja zakupu samochodu marzeń lub wykorzystania wielkiej okazji może czasami pozbawić nas zdrowego rozsądku i wpędzić w tarapaty na wiele lat.

Zostawmy więc na razie myśli o wspaniałym silniku, skórach i wyposażeniu, a skoncentrujmy się na naszym rodzinnym budżecie. Sprzedawcy również lubią używać tego słowa, ale dla własnych celów. Trzymajmy się faktów i nie ulegajmy emocjom.

Po pierwsze: ile pieniędzy możemy wyłożyć na przedpłatę w gotówce, jako *trade-in* i ile będzie to razem.

Po drugie: ile możemy płacić miesięcznie? Jeśli planujemy pożyczać pieniądze albo wziąć samochód w leasing, to musimy ustalić maksymalną sumę, na jaką nas stać. Jeśli pieniądze pożyczamy, to musimy brać pod uwagę wiele innych czynników, które będą miały wpływ na nasze miesięczne opłaty. Na przykład, jak jest oceniana nasza zdolność kredytowa w punktach (tzw. *credit score*), którą może podać nam jedno z trzech biur kredytowych w USA. Będę mówił szerzej na ten temat nieco później. Czy kwalifikujemy się do promocyjnych pożyczek producentów, często zupełnie bezprocentowych?

Przypominam, że im większa przedpłata, tym mniejsze opłaty miesięczne, a także łatwiejszy dostęp do pożyczki niskoprocentowej. Zasada jest prosta. Bank, który udziela nam pożyczki, obawia się, że jeśli przestaniemy pożyczkę spłacać, to nawet po odebraniu nam samochodu i jego sprzedaży nie będzie w stanie odzyskać swoich pieniędzy. Duża przedpłata pokryje ewentualną utratę wartości samochodu, a to ułatwia nam otrzymanie pożyczki i ewentualnie niższego oprocentowania.

Po ustaleniu najlepszego oprocentowania, jakie możemy uzyskać przy naszej zdolności kredytowej i największej przedpłacie, musimy ustalić okres pożyczki w miesiącach. Zazwyczaj jest tak, że im krótszy jest okres spłacania, tym niższe jest oprocentowanie, ale i wyższe miesięczne opłaty. Proszę pamiętać, że jeśli weźmiemy najniższe oprocentowanie i krótki okres spłaty, to przy nawet niewielkiej zmianie naszej sytuacji finansowej i wzroście innych niezbędnych opłat możemy nie być w stanie spłacać naszego samochodu. Moim zdaniem dla większości ludzi najlepszy jest nieco dłuższy okres spłaty i niższe miesięczne opłaty, aby w razie trudności finansowych pozostał nam odpowiedni margines bezpieczeństwa i abyśmy nie musieli stracić samochodu i wydanych do tej pory pieniędzy.

Dlatego też uważam, że warto zastanowić się nad wzięciem zerowego oprocentowania, jeżeli jest dostępne, nawet jeśli mamy teraz gotówkę, by zapłacić za samochód. Kiedy nasza sytuacja finansowa poprawi się w przyszłości możemy spłacić pożyczkę szybciej lub w całości i zaoszczędzić w ten sposób na kosztach finansowania samochodu. Musimy tutaj pamiętać, aby nie zgadzać się na pożyczkę, w której instytucja finansująca nasz samochód będzie chciała nas ukarać za wcześniejszą spłatę. Należy o to zapytać dilera, reprezentanta banku czy instytucji finansującej samochód i (pomimo ustnych zapewnień) uważnie przeczytać kontrakt przed jego podpisaniem.

Wielu ekonomistów i ekspertów finansowych uważa, że suma wszystkich naszych miesięcznych opłat wynikających z zadłużenia nie powinna przekraczać 30 do 36 procent naszego miesięcznego dochodu brutto. Przedstawię to na przykładzie. Powiedzmy, że rocznie zarabiamy 50 000 dolarów. Nasze spłaty nie powinny przekraczać 18 000 dolarów rocznie. Jeśli odejmiemy od tego czynsz (*mortgage payment, rent*), opłaty za karty kredytowe i inne stałe opłaty, powiedzmy 13 000 dolarów, to pozostanie nam 5 000 dolarów rocznie, czyli 417 dolarów miesięcznie na spłacanie samochodu. Rodzina powinna oczywiście obliczyć to uwzględniając wspólny dochód. Mnożąc te 5 000 dolarów przez liczbę lat, na jaką zaciągnęliśmy pożyczkę, dodając wartość naszego starego samochodu i przedpłatę, jaką uiścimy, uzyskamy wartość samochodu, na jaki nas obecnie stać. 5 000 x 5 (lat) + 5 000 (*trade-in*) + 2 000 (*downpayment*) = 32 000 dolarów. Proszę pamiętać, że w grę nie wchodzi jedynie cena samochodu, musimy także uwzględnić podatki (*sales tax*), opłaty rejestracyjne (*registration fees*) i ubezpieczenie (*insurance*). W zależności od stanu podatki i same opłaty rejestracyjne mogą podnieść cenę samochodu o około 10%. Oczywiście ubezpieczenie nowego samochodu będzie wyższe od starego.

Proszę też pamiętać, że biorąc pożyczkę, musimy mieć pełne ubezpieczenie (*full coverage*) spełniające wymogi pożyczkodawcy. Należy koniecznie zadzwonić do agenta ubezpieczeniowego i poprosić go o podanie przykładowej ceny ubezpieczenia (*insurance quote*). Warto również wykorzystać Internet i sprawdzić ceny w największych firmach ubezpieczeniowych. Cena samego samochodu omawianego w naszym przykładzie będzie musiała prawdopodobnie wynosić poniżej 23 000 dolarów. Mam tu na myśli cenę, którą faktycznie płacimy, a nie sugerowaną przez producenta czy dilera.

Zanim jednak wyruszymy z domu, musimy zadać sobie następne ważne pytanie: Jakie są moje faktyczne potrzeby związane z samochodem? Musimy krok po kroku wyeliminować niepotrzebne opcje. Zależy nam przecież na najlepszym samochodzie mieszczącym się w naszym budżecie, spełniającym nasze potrzeby i pragnienia.

Te pytania pomogą nam ustalić, co jest dla nas naprawdę ważne:

1. *Jak daleko i na jakich trasach będziemy się poruszać?*
2. *Ile osób będzie w samochodzie jeździć?*
3. *Czy będą w samochodzie dzieci i w jakim wieku?*
4. *Czy będziemy przewozić duże i ciężkie ładunki?*
5. *Jakiego rodzaju jazdę wolimy: szybką, podczas której „czujemy drogę" czy spokojną, w ciszy i wygodzie?*
6. *Czy sportowe zachowanie samochodu jest ważniejsze od jego ekonomiczności i spalania?*
7. *Jaka skrzynia biegów jest nam potrzebna: automatyczna czy manualna?*
8. *Jakiego rodzaju napęd jest nam potrzebny: 2WD, AWD czy 4WD?*
9. *Czy potrzebna nam jest lepsza przyczepność, np. podczas jazdy po śniegu lub w górach?*
10. *Czy mamy szczególne wymagania i potrzeby dotyczące bezpieczeństwa pojazdu?*
11. *W jaki sposób samochód będzie zazwyczaj używany?*

Mogłoby się wydawać, że to zbyt wiele pytań, ale są one podstawowe w wyborze właściwego pojazdu. Samochód, który najlepiej będzie służył wypełnieniu tych codziennych funkcji, będzie najlepszym wyborem na dłuższą metę. Na tym etapie znamy już typ samochodu i cenę, na jaką możemy sobie pozwolić. Teraz nasze poszukiwania należy zawęzić do właściwego modelu i selekcji najlepszych kandydatów na jazdę próbną. Tak samo jak mamy lepsze i gorsze samochody, mamy również lepsze i gorsze źródła informacji.

Pamiętajmy, że wiele czasopism i programów motoryzacyjnych jest sponsorowanych przez firmy motoryzacyjne. Moim zdaniem najlepsze są źródła, którym możemy ufać i które są wiarygodne. Nasz sąsiad czy kuzyn niekoniecznie musi być ekspertem samochodowym, ale jeśli uczciwie opisze nam problemy i koszty związane z eksploatacją samochodu, który mamy zamiar kupić, na pewno będzie to bardziej pomocne niż zapewnienia dilera.

W wyborze modelu musimy zwrócić uwagę na wrażenia podczas jazdy, jego niezawodność, rzeczywiste spalanie, bezpieczeństwo, wyposażenie, wygląd, jakość materiałów, wygodę i to, jak się w nim czujemy. Są rzeczy, których nie da się określić, a które sprawiają, że lubimy dany samochód bardziej od innego. Marka i to, że w przeszłości dany model był dla nas idealny niekoniecznie sprawdzić się muszą dla aktualnego rocznika. Konkurencja mogła zrobić postęp, a nasza ulubiona marka mogła, jak to się mówi stanąć w miejscu lub cofnąć się w rozwoju.

Potrzebujemy zawsze nowych, świeżych informacji na ten temat i następnej książki wydawanej co roku i omawiającej aktualne modele samochodów i rozwiązania motoryzacyjne. W dodatku na końcu książki podaję źródła, które będą pomocne w odpowiedzi na te pytania. Szybkim i wydajnym źródłem informacji jest przede wszystkim Internet, ale ocena i wybór właściwego samochodu należą do Państwa. Z książek i prasy polecam Jack Gillis' *The Car Book*, *Kiplinger's Personal Finance Magazine* - wydanie marcowe i *Consumer Reports* - wydanie kwietniowe.

Koniecznie musimy odwiedzić strony producentów i zapoznać się z ich aktualną ofertą i promocjami. Możemy tu uzyskać podstawowe informacje na temat modeli, pakietów wyposażenia, cen detalicznych (tzw. *MSRP)*, gwarancji i lokalizacji dilerów. Możemy oszczędzić sporo czasu, ponieważ dobre strony producentów pozwalają przyjrzeć się szczegółowo samochodom zarówno z zewnątrz, jak i od wewnątrz, bez konieczności jazdy do dilera. Większość ma funkcję „zbudowania własnego samochodu", pozwalającą na dodawanie odpowiednich pakietów czy opcji wyposażenia.

Muszę ostrzec, że w realnym świecie po przyjeździe do dilera przekonamy się, że taki samochód najczęściej nie występuje, a jeśli uprzemy się, by go zamówić, będzie nas to odpowiednio więcej kosztować. Firmy samochodowe produkują pojazdy w ustalonych przez siebie proporcjach wyposażonych w opcje, dzięki którym uważają, że te będą się najlepiej sprzedawać w danym rejonie czy na danym rynku. Ma to sens nie tylko ekonomiczny. Większość mieszkańców Florydy naprawdę nie potrzebuje stałego napędu na cztery koła, nawet w swoich SUV-ach.

Proszę pamiętać jednak, że strony internetowe producentów mają za zadanie promowanie własnych produktów i sprowadzenie Państwa do dilera. Dlatego też ich prezentacje i porównania z konkurencją nie są całkiem obiektywne, a mówiąc o mocnych stronach swoich produktów, unikają najczęściej poruszania ich słabych stron. **Proszę nie mylić pięknego wyglądu czy modnego modelu z niezawodnością.** Czasem nie uratują nas nawet tak zwane *lemon laws*.

Na pewno warto czytać czasopisma motoryzacyjne i oglądać programy telewizyjne, które porównują i oceniają poszczególne modele. Innym sposobem pogłębienia wiedzy na temat przyszłego samochodu mogą być strony internetowe, na których kierowcy mówią o swoich osobistych doświadczeniach. Warto również odwiedzić takie strony, jak J.D. Power and Associates (www.jdpower.com), Consumer Reports (consumerreports.org), Edmunds.com, Kelley Blue Book (kbb.com) i CarFax (www.carfax.com), które pozwolą nam sprawdzić historię niezawodności danego modelu. Proszę jednak pamiętać, aby ostateczną ocenę pozostawić sobie.

Przy zmieniających się ciągle cenach paliwa ważne jest, abyśmy brali pod uwagę ekonomiczność naszego przyszłego samochodu. Prawo wymaga, aby ilość spalanego paliwa była podawana w liczbach (milach na galon) na nalepkach umieszczonych na szybach nowych samochodów (*window sticker*). Znajdziemy tam dwie liczby. Jedna podaje liczbę mil, jaką dany samochód przejedzie na galonie paliwa w mieście, przy zimnym silniku i ruszaniu, i zatrzymywaniu się co jakiś czas, a druga - w jeździe na autostradzie, przy rozgrzanym silniku i dłuższej, równomiernej jeździe przy w miarę stałej prędkości. Liczby te zostały ustalone na podstawie testów przeprowadzonych przez EPA (*The Environmental Protection Agency*). Wartości te pozwalają na porównanie różnych marek i modeli samochodów.

Wyniki tych testów możemy zawsze sprawdzić na stronach rządowych: www.fueleconomy.com czy www.epa.gov/greenvehicles.

Znowu uwaga. Nie są to wartości, jakie będziemy uzyskiwać, jeżdżąc naszym realnym samochodem, ale jedynie wartości szacunkowe. Rzeczywiste spalanie uzależnione jest od stylu jazdy, jakości drogi, pogody, paliwa, używania klimatyzacji, a nawet od wiatru.

Kiedy już będziemy sprawdzać rządowe strony w Internecie, warto porównać wyniki innych, moim zdaniem ważniejszych badań. Chodzi o bezpieczeństwo i wyniki testów wypadkowych. Niestety, nawet najlepszy kierowca będzie miał w swoim życiu przynajmniej jeden wypadek. Jestem przeciwnikiem oszczędzania na zdrowiu i życiu swojej rodziny, pasażerów czy własnym. Rezultaty testów znajdziemy na stronach *National Highway Traffic Safety Administration* (NHTSA; www.safecar.gov) i *Insurance Institute for Highway Safety* (IIHS; www.iihs.org).

Podziwiam mądrość społeczeństwa amerykańskiego, które wbrew wszelkim naciskom medialnym i rządowym w dalszym ciągu kupuje większe i bezpieczniejsze samochody. Fakty są takie, że bez względu na ilość poduszek powietrznych, ABS, wzmocnień, zapinania pasów bezpieczeństwa i innych bardzo wartościowych wynalazków i zaleceń, jadąc malutką Toyotą czy Smartem, mamy niewielkie szanse przy zderzeniu czołowym z ciężarówką, truckiem czy dużym SUV-em. Małe samochody miejskie nie mogą zastąpić dużych rodzinnych pojazdów na obecnych drogach, jeżeli weźmiemy pod uwagę bezpieczeństwo. „Praw fizyki nie zmienimy".

Nie znaczy to, że nie troszczę się o ochronę środowiska naturalnego, wręcz przeciwnie, stawiam jednak na pierwszym miejscu wartość ludzkiego życia. Należy iść w kierunku alternatywnych źródeł energii i nowych rozwiązań technologicznych, nie narażając przy tym lekkomyślnie zdrowia i życia ludzi. Jestem zwolennikiem bezpiecznych dróg, bezpiecznych pojazdów i przyjaznych dla ludzi i środowiska rozwiązań technologicznych.

Polecam również sprawdzenie danych na temat zdolności samochodu do uniknięcia wypadku, przeciwdziałania przewróceniu pojazdu, jego bezpieczeństwa przy uderzeniu z tyłu, widoczności i bezpieczeństwa dzieci. Zdolność unikania wypadku jest bardzo ważna i z pewnością przyda nam się częściej niż sama ochrona pasywna. Tutaj najważniejsze są dwa czynniki: zdolność omijania przeszkód i gwałtownego zahamowania.

Sprawdźmy na stronach producenta czy nasz samochód jest wyposażony w niezbędne systemy bezpieczeństwa, takie jak: ABS (*Antilock Brake System*), który uniemożliwia zablokowanie hamulców. Bez tego systemu przy gwałtownym naciśnięciu hamulca koła zostają zablokowane, a samochód traci zdolność manewrowania pędząc w kierunku, w jakim zdążał poprzednio. Na mokrej czy śliskiej nawierzchni samochód może zsunąć się z drogi lub zakręcić. ABS zapobiega blokadzie kół i utracie sterowności. Proszę pamiętać, że technika jazdy samochodem z ABS-em jest inna niż samochodem niewyposażonym w niego.

Dawniej w celu uniknięcia blokady kół naciskaliśmy hamulec stopniowo zwiększając i zmniejszając siłę nacisku (jest to tzw. pompowanie). Polecam ćwiczenie jazdy samochodem wyposażonym w ABS na mokrej czy śliskiej nawierzchni, najlepiej na pustym zaśnieżonym parkingu. Powodem mojego rozpisania się na ten temat jest fakt, że przeglądałem kiedyś statystyki z krajów skandynawskich, z których wynikało, że ABS w żaden sposób nie zmniejszył liczby wypadków śmiertelnych w okresie tych badań, wręcz odwrotnie, a powodem była nieumiejętna jazda kierowców.

Musimy pamiętać o dwóch sprawach, jadąc samochodem wyposażonym w ABS: przy gwałtownym hamowaniu poczujemy jak gdyby kopanie hamulca w naszą stopę i możemy usłyszeć dźwięk przypominający zgrzyt. Nie należy wtedy zmniejszać siły nacisku, ale w dalszym ciągu mocno i stale naciskać na hamulec. Po drugie, nie należy odwracać uwagi od drogi i zapominać o możliwości kierowania samochodem. Większość kierowców w nagłych i gwałtownych sytuacjach wpada w panikę, waha się przez ułamek sekundy i zaczyna „pompować" hamulec. Ten ułamek sekundy sprawia, że giną ludzie. Bardzo zachęcam wszystkich do wypróbowania swoich możliwości i tego, jak zachowuje się Wasz samochód na śliskiej i mokrej nawierzchni. Proszę, nie odkładajcie Państwo tego na później i przeprowadźcie tę próbę jak najszybciej. Wiedza teoretyczna nie przekłada się na praktyczne umiejętności.

Następnym takim systemem jest elektroniczna kontrola trakcji (ESC). Pomaga ona w utrzymaniu zamierzonego kierunku na zakręcie i zachowaniu kontroli na śliskiej nawierzchni. Ma to największe znaczenie przy próbach ominięcia osoby czy innej przeszkody na trasie i uniknięcia w ten sposób wypadku. W wysokich pojazdach takich jak SUVy czy trucki pomaga uniknąć obrotu i dachowania.

Jeszcze jednym ważnym systemem są poduszki powietrzne. Starajmy się o pojazd, który posiada ich jak największą liczbę, a szczególnie te nowszej generacji, które rozpoznają obecność i wagę osoby na siedzeniu pasażera, pozycję kierowcy czy to, że zapięte są pasy bezpieczeństwa. System ten ustala wtedy siłę, z jaką poduszki eksplodują, chroniąc niskie osoby czy dzieci.

Nawet tak podstawowe wyposażenie jak pasy bezpieczeństwa jest również różnej jakości. Sprawdźmy, czy posiadają ustawienia do zmiany wysokości, naciągacze (*pretensioners*), które zapewniają najlepszą pozycję przy wypadku, i towarzyszące im często urządzenia do ograniczenia siły, z jaką pas naciska na klatkę piersiową (*force limiters*).

Zwróćmy również uwagę na sposób zamykania okien. Najlepsze są przełączniki, które trzeba pociągnąć w górę, aby okno zamknąć. Należy unikać tych, które można przypadkowo nacisnąć i przy zamykaniu okna przyciąć komuś głowę.

Polecam również kamery i inne systemy, które informują o obecności osób czy pojazdów w tak zwanych ślepych punktach, na przykład z tyłu samochodu przy cofaniu.

Powinniśmy też dla zwiększenia bezpieczeństwa regularnie sprawdzać ciśnienie powietrza w oponach, nawet jeśli posiadamy czujniki ciśnienia powietrza. Odpowiednie ciśnienie powietrza pomoże nam również w zmniejszeniu zużycia paliwa.

Kilka uwag i sugestii dla tych, którzy obawiają się dalszego wzrostu cen paliwa. Niestety nie da się tego przewidzieć. Wszystko wskazuje na to, że alternatywne źródła energii będą coraz popularniejsze. Zwracajmy uwagę na samochody hybrydowe, popularne w Polsce diesle, wodorowe i coraz powszechniejsze elektryczne. Każdy musi indywidualnie zbalansować swoje potrzeby, budżet, bezpieczeństwo, wygodę i ekonomiczność wybierając nowy samochód. W najbliższej przyszłości nie odejdziemy jednak od popularnej benzyny. Jeszcze jedna drobna uwaga. Przy porównywaniu spalania zwróćmy uwagę na to, czy producent wymaga benzyny regularnej czy Premium. Różnica może wynieść kilkaset dolarów rocznie.

W tym wszystkim najważniejszy jest nasz sposób jeżdżenia i rodzaj samochodu. Największy wpływ mamy jednak na własny styl jazdy. Moja rada na ograniczenie spalania to po prostu ograniczenie użycia hamulca. Na autostradzie ograniczajmy szybkość, utrzymując stałe tempo jazdy, starajmy się trzymać samochód w miarę pusty, bez niepotrzebnych bagażników na dachu. Po osiągnięciu stałej szybkości powinniśmy jeździć w najwyższym biegu. W jeździe po mieście starajmy się tak planować dzień, by nie jeździć z zimnym silnikiem. Jeżeli mamy kilka spraw do załatwienia, starajmy się pojechać do miejsca położonego najdalej, a inne sprawy załatwiać w drodze powrotnej. Należy przewidywać sytuację na drodze, np. zmianę świateł, i zwalniać wcześniej. Unikajmy również gwałtownych przyśpieszeń.

Wszystkie badania potwierdzają fakt, że ograniczenie szybkości do około 55 mil na godzinę znacznie zmniejsza zużycie paliwa. Jeżeli potrzebujemy bagażnika na narty czy rower, to po powrocie z wyprawy usuńmy go z dachu. Na autostradzie największym wrogiem niskiego spalania jest opór powietrza, a niepotrzebny bagażnik na dachu znacznie go zwiększa.

Kilka dodatkowych uwag o nieco mniejszym znaczeniu. Jak wspomniałem wcześniej, należy sprawdzać ciśnienie powietrza w oponach. Powinniśmy to robić przynajmniej raz na miesiąc, najlepiej rano przed jazdą, kiedy opony są zimne. Ze względów bezpieczeństwa nie jestem zwolennikiem wyłączania klimatyzacji, ale niektórzy eksperci uważają, że pozwala to zmniejszać zużycie paliwa. Podobno zamykanie okien przy jeździe po autostradzie jest również pomocne.

Nie będę obecnie poruszał spraw związanych z różnymi technologiami i wyższością czy „niższością" jednych nad drugimi. Znając swoje potrzeby, preferencje, budżet i styl jazdy, musicie Państwo sami zdecydować, czy warto inwestować w samochody hybrydowe, diesle, napęd wodorowy czy elektryczny. Ja pragnę jedynie pomóc Państwu kupić odpowiedni i wymarzony samochód za uczciwą cenę.

Jazda próbna.

Kiedy wyselekcjonujemy najlepsze dla nas 3,-4 samochody, nadchodzi wreszcie czas, aby wyruszyć do dilera. Czas na próbną jazdę, jeden z najważniejszych etapów w procesie kupna samochodu. Oczywiście powinniśmy się do niego dobrze przygotować.

W Internecie i na kolorowych zdjęciach czasopism samochód może wyglądać wspaniale. Opisy ekspertów i producentów będą przekonywać nas, że mamy do czynienia z jednym z najlepszych pojazdów na rynku. Jazda próbna pozwoli nam to wszystko zweryfikować i przekonać się, czy dany samochód rzeczywiście spełnia nasze oczekiwania. Jeśli mamy dzieci, to postarajmy się je zabrać do dilera, aby sprawdzić, czy w najdrobniejszych szczegółach zaspokaja nasze potrzeby. Absolutnie nie przystępujmy wtedy do negocjacji i nie podejmujmy ostatecznych decyzji. Dzieci mogą nas wtedy zbytnio rozpraszać lub skłaniać, by zbyt pochopnie zakończyć cały proces.

Jazda próbna pomoże nam sprawdzić to, czy samochód jest wygodny, praktyczny i jak faktycznie zachowuje się podczas jazdy. Czasami odkryjemy jakiś drobny szczegół, który może zadecydować o naszym wyborze. Z całą pewnością nie chcemy zostać zaskoczeni czymś przykrym po zakupie i powrocie do domu. Poświęćmy czas na jazdę próbną i przygotujmy się do niej. Zapiszmy w notesie, co jest dla nas ważne, i punkt po punkcie sprawdźmy to spokojnie u dilera.

Przed wyruszeniem do dilera sprawdźmy na jego stronie internetowej i telefonicznie, czy interesujący nas model jest dostępny do jazdy próbnej. Niestety, zbyt często **dilerzy oferują najlepsze wersje danego modelu, aby potem przestawić nieświadomego klienta na samochód spełniający jego wymagania budżetowe.** Proszę pamiętać, że nawet ten sam model może się ogromnie różnić silnikiem, wyposażeniem, jakością wnętrza, zawieszeniem i środkami bezpieczeństwa.

Unikniecie Państwo tej pułapki, jeśli na jazdę próbną pojedziecie dokładnie tą wersją modelu, którą planujecie kupić.

Najlepsi dilerzy i ci, sprzedający samochody z wyższej półki, często pozwolą nam zabrać samochód do domu, czasami na weekend. To jest bez wątpienia najlepsza metoda zapoznania się gruntownie z samochodem. Niestety u większości będzie to niemożliwe. W miarę możliwości starajmy się wypróbować wybrane modele w jak najkrótszym czasie, nawet tego samego dnia i na tej samej trasie. Zdaję sobie sprawę, że w praktyce będzie to niezmiernie trudne, ale bardzo często dilerzy ulokowani są na tej samej ulicy w niewielkiej odległości od siebie lub możemy udać się do auto mall. Możemy przez to czuć się w jakiś sposób zobowiązani, by dokonać tam zakupu, ale nie jest to konieczne. Ja ciągle uważam, że powinniśmy kierować nasz biznes do sklepów, w których okazuje się klientom należyty szacunek, i absolutnie nie kupować tam, gdzie go brak. Jazda próbna da nam okazję, by to sprawdzić. Przy podejmowaniu decyzji dobrze jest sporządzić listę ważnych dla nas funkcji. Możemy wykorzystać do tego nasz obecny samochód i zapisać to, co lubimy, i to, co absolutnie nas denerwuje. Kilka sugestii: moc samochodu, przełączniki, wskaźniki, wygoda, widoczność, pojemność bagażnika, cisza, miejsce na napoje, łatwość opuszczania siedzeń, wyposażenie.

Trasa.

Sprzedawcy mają zazwyczaj ustalone trasy, które prezentują najlepsze strony samochodu. Powinniśmy zaplanować trasę, która pozwoli sprawdzić, jak samochód zachowuje się w różnych warunkach: autostrada, ruch miejski, parkowanie i cofanie, teren górzysty, odmienne rodzaje nawierzchni czy pokręcone drogi na przedmieściach. Uważam, że dobrze jest przeznaczyć przynajmniej pół godziny na jazdę próbną. Polecam przejechanie się po tej samej trasie swoim obecnym samochodem. Kiedy dzwonimy do dilera, by umówić się na próbną jazdę, zapytajmy o możliwość jazdy właśnie takim samochodem, jaki pragniemy kupić, a nie samochodem demonstracyjnym, wyposażonym w najlepszy silnik i wszystkie możliwe opcje.

Sprzedawca będzie usiłował sfinalizować sprzedaż (*close the deal*) tuż po jeździe próbnej. Nie ulegajmy emocjom, ale ochłońmy nieco i spokojnie przystąpmy do następnego etapu. Po przyjeździe do dilera i powitaniu od razu poinformujmy go, że chcemy dzisiaj jedynie sprawdzić interesujący nas samochód i zobaczyć, jak jeździ. On i tak nie uwierzy, że nie będziemy podejmować decyzji, ale pomoże nam to pokonać wszystkie jego „superoferty". Nie przejmujmy się jego uwagami o innym kliencie, który ma przyjść nieco później i jest zainteresowany tym samym samochodem, czy superofertą, ale ważną jedynie dzisiaj, albo samochodem „demo" za niesamowicie niską cenę. Na pewno jeden z managerów będzie chciał nas sprawdzić i zapyta *„czy nie kupilibyśmy tego samochodu za"* i wtedy może zaproponować naprawdę niską cenę. Na tym etapie dobrze jest to zapisać, ale dopiero po odwiedzeniu innych dilerów warto podjąć decyzję. Pamiętajmy, by emocje po jeździe wspaniałym nowym samochodem nie odebrały nam rozsądku.

Musimy skoncentrować się na samochodzie i sprawdzić, czy wszystko jest zgodne z naszą listą. Dobrze jest oceniać poszczególne elementy w jednolity sposób, np. w skali od 1 do 10. Ułatwi to nam porównanie kilku samochodów. Uważnie sprawdźmy samochód na zewnątrz i wewnątrz. Zwracajmy uwagę na jakość wykonania, nieregularności i łatwość obsługi. Jeśli jest cokolwiek, co może nas denerwować, to na pewno frustracja będzie z czasem jedynie wzrastać. Samochód musi zaspokajać nasze potrzeby i pasować do naszego stylu życia.

Szczególnie polecam sprawdzenie wygody siedzeń. Zobaczmy, czy łatwo zmieniać ustawienia siedzeń. Dla osób niższych ważne jest podnoszenie i opuszczanie siedzenia. Jeśli samochodem będzie jeździło więcej osób, to dobrze jest mieć funkcję zapamiętania pozycji, szczególnie dla kierowcy. Dla mnie osobiście ważna jest też łatwość i wygoda zapinania pasów bezpieczeństwa. Czy łatwo nam przy zapiętych pasach dosięgnąć skrzyni biegów, radia, pojemników na napoje i innych ważnych elementów? Czy nie gniotą nas zbyt mocno lub nie uwierają blisko szyi? Sprawdźmy też, jak dopasowane są podłokietniki i zagłówki. Te ostatnie będą niezmiernie ważne przy uderzeniu naszego samochodu od tyłu. Na dłuższych trasach bardzo przydatna jest też możliwość dopasowania wsparcia dla lędźwiowej części kręgosłupa (*lumbar support*).

Ustawienie wygodnej i bezpiecznej pozycji do jazdy nie zależy jedynie od siedzenia. Bardzo ważna jest też możliwość ustawienia kierownicy. Większość samochodów pozwala podnosić i opuszczać kierownicę do góry i na dół. Te lepsze mają funkcję teleskopowego wysuwania i wsuwania kierownicy. Kiedy już przy tym jesteśmy, zobaczmy, czy kierownica jest wygodna i czy łatwo nią obracać. Jeśli ma funkcję operowania radiem czy telefonem, to upewnijmy się, że te przyciski są dobrej jakości i wygodne. Oczywiście najważniejszy jest klakson i łatwość użycia sygnału dźwiękowego.

Wszystko to powinniśmy robić w naturalny i wygodny sposób, bez odrywania oczu od drogi. Dobrze sprawdźmy widoczność. Upewnijmy się, że widzimy wszystkie kontrolki i wskaźniki. Sprawdźmy, czy jesteśmy w stanie dobrze określić pozycję przedniego i tylnego zderzaka. Czy filary nie zasłaniają nam widoku do tyłu i na boki? Jaką widoczność mamy w bocznych lusterkach i czy łatwo je ustawiać? Czy przedni panel nie zasłania nam drogi z przodu, jeśli siedzenie jest opuszczone? Dla większego bezpieczeństwa nie powinniśmy siedzieć zbyt blisko kierownicy. Dla osób niższych bardzo przydatna jest funkcja ustawiania wysokości pedałów gazu i hamulca. Dla kogoś wysokiego najważniejsza będzie odległość głowy od sufitu i możliwość poruszania nogami po pedałach bez uderzania o kierownicę czy boczne panele.

Dla kierowcy najważniejsze jest zapoznanie się z wnętrzem pojazdu wokół niego. Czasami, próbując wyróżnić się od konkurencji producenci zapominają o wygodzie i logice ustawienia wskaźników i przycisków. Po wejściu do nowego samochodu sprawdźmy, czy łatwo i intuicyjnie znajdziemy przyciski do klimatyzacji, radia, nawigacji. Sprawdźmy, czy łatwo nimi operować i czy pokrętła i gałki są wystarczająco duże i wygodne. Wskaźniki powinny być łatwe do interpretacji i widoczne zarówno w dzień, jak i w nocy. Przekonajmy się, czy są dobrze podświetlone. Zawsze pamiętajmy, że podczas operowania i prowadzenia pojazdu nie powinniśmy w miarę możliwości odrywać wzroku od drogi przed nami. Wszystkie te rzuty okiem powinny trwać sekundy i dlatego tak ważne jest dobre oznakowanie i logiczne ułożenie wszystkich wskaźników, pokręteł i przycisków.

Wypróbujmy klimatyzację, otwieranie bagażnika, wlewu zbiornika paliwa, ogrzewanie i chłodzenie siedzeń, otwieranie i zamykanie drzwi i okien. Włączmy światła czytania i sprawdźmy, czy możemy bez problemu czytać mapę podczas jazdy.

Nie zapomnijmy o miejscach na kubki, butelki, płyty kompaktowe, telefon, MP3, mapy, latarkę i inne nasze skarby. Osobiście nie lubię, kiedy kubek na kawę muszę umieszczać gdzieś wyżej na panelu, a pod nim mam inne urządzenia czy schowki. Mam zdolność wylewania czegoś przynajmniej raz na miesiąc. Kubek nie powinien też blokować dostępu do przełączników czy wywietrzników. Schowek po stronie pasażera powinien być wystarczająco duży, by pomieścił wszystkie instrukcje, książki, DVD, mierniki ciśnienia powietrza, okulary i ściereczki.

Dobrze jest przynieść swoje CD czy DVD i sprawdzić system audio. Ustawić głośność i sprawdzić łatwość operacji. Obecnie największe problemy mamy z obsługą nowszej generacji nawigacji. Najczęściej połączone są z nią systemy audio czy klimatyzacja. Niektóre systemy są bardzo skomplikowane i najlepiej poprosić sprzedawcę, aby pokazał nam wszystkie podstawowe funkcje, zanim wyruszymy w trasę. Jeśli zależy nam na szyberdachu czy kabriolecie z chowanym dachem, to nie zapomnijmy wypróbować łatwości ich obsługi, a w kabriolecie - sprawdzenia ilości miejsca w bagażniku po złożeniu dachu.

Bardzo starannie sprawdźmy tylne siedzenia. Niektóre samochody mają wystarczającą ilość miejsca dla kierowcy i pasażera na przednim siedzeniu, natomiast z tyłu mogą praktycznie jechać jedynie dzieci. W minivanach i samochodach SUV producenci często informują, że trzeci rząd siedzeń przeznaczony jest jedynie dla dzieci. Upewnijmy się, że przeciętnej osobie łatwo jest wejść do samochodu i wygodnie w nim siedzieć na tylnym siedzeniu. Jeszcze raz sprawdźmy możliwości postawienia kubka i czy jest wystarczająco dużo miejsca na inne rzeczy, np. zabawki, butelki, gazety czy czasopisma. Pamiętajmy o podłokietnikach. Dla mnie ważne jest również miejsce na wieszak na marynarkę czy kurtkę.

Nie zapomnijmy zapiąć pasów bezpieczeństwa i sprawdzić ich wygodę. Drugi rząd siedzeń w opisach przeznaczony jest zazwyczaj dla trójki pasażerów. Sprawdźmy, jak to jest praktyce. Jak łatwo zapiąć pasy bezpieczeństwa i czy da się w miarę wygodnie siedzieć na środkowym siedzeniu.

Jeśli będziemy wozić dzieci, to koniecznie sprawdźmy, czy łatwo jest umieścić i wyjąć siedzenia dla dziecka. Pozwólmy starszym dzieciom wejść do środka i zapytajmy je o wygodę i widoczność. Zadowolone i szczęśliwe dzieci są podstawą udanej podróży, a tu wiele zależy od samochodu. Nie jestem zwolennikiem przepłacania za systemy rozrywki, ale czasami warto kupić oryginalny sprzęt fabryczny. Sprawdźmy, czy nasze pociechy czegoś potrzebują i co zaspokoi te potrzeby. Z pewnością dzieciom będą się podobać nowe urządzenia, ale to nie znaczy, że musimy je kupić i wydawać niepotrzebnie pieniądze.

Dobrze przyjrzyjmy się bagażnikowi i sprawdźmy pojemność naszego przyszłego samochodu. Pierwsza rzecz to łatwość otwierania bagażnika. Funkcja otwierania powinna być na pilocie (*remote control*) i wewnątrz samochodu. Otwieranie kluczem powinno odejść do przeszłości. W samochodach z trzecim rzędem siedzeń sprawdźmy, jak łatwo siedzenia się chowają, czy można je usunąć i ile mamy miejsca poza nimi. W sedanach przyjrzyjmy się zawiasom. Czasami po zamknięciu naciskają one na nasz bagaż, powodując jego uszkodzenia. Przyjrzyjmy się wielkości klapy bagażnika i wielkości otworu bagażowego. Niektóre samochody mają duże bagażniki, ale bardzo trudno jest umieścić w nich duże walizki czy większy bagaż. Sprawdźmy, jak wysoko musimy bagaż unieść, by umieścić go w bagażniku?

Ważne pytanie to, czy tylne siedzenia można położyć lub czy po opuszczeniu podłokietnika jest dostęp do bagażnika i możliwość umieszczenia w nim długich przedmiotów takich, jak np. narty.

Sprawdźmy łatwość dostępu do zapasowego koła i narzędzi. Czy mamy tam więcej miejsca na apteczkę, żarówki i inne nasze rzeczy? Czy jest więcej ukrytych schowków? Czy mamy gniazdko z 12/ 110 voltowym napięciem?

Kolejność nie ma znaczenia, ale powinniśmy również otworzyć maskę i sprawdzić silnik. Czy łatwo jest podpiąć kable do akumulatora, jeśli zajdzie taka potrzeba? Czy łatwo sprawdzić stan płynów i je uzupełnić? Jaki jest dostęp do świateł i, czy łatwa jest wymiana żarówek?

Wszystkie te rzeczy powinniśmy sprawdzić, zanim wyruszymy w trasę. Podczas jazdy próbnej powinniśmy się skoncentrować wyłącznie na samochodzie i tym, jak jeździ. Niestety większość dilerów nie pozwoli zabrać nam samochodu na noc, a na samej jeździe próbnej będzie z nami sprzedawca. Jeżeli jesteśmy sami i jest on gadatliwy, to trudno nam będzie go ignorować. Spisana wcześniej lista rzeczy, na które musimy zwrócić uwagę będzie tu bardzo pomocna.

Pamiętajmy, aby porównywać wszystkie nowe samochody, które będziemy testować, według tej samej skali. Jeśli nawigacja jest dla nas ważna, to poprośmy sprzedawcę, aby ją uruchomił, i sprawdźmy, jak będzie nas prowadzić. Nie zapomnijmy o aktywacji głosowej.

Dobrze jest też sprawdzić, jak jeździ się samochodem w nocy. To też może być czynnikiem, który przechyli szalę w ostatecznym wyborze między dwoma niewiele różniącymi się modelami.

Na końcu książki umieszczam przykładową listę, którą możecie Państwo dopasować do swoich potrzeb. Dziedziny na które należy zwrócić uwagę to:

Wygoda jazdy i zachowanie zawieszenia w praktyce. Czy czujemy każde załamanie na jezdni lub czy jazda jest miękka i zawieszenie dobrze izoluje nas od drogi? Czy samochód „buja" na zakrętach lub po przejechaniu górki na drodze szybkiego ruchu. Niektórzy wolą samochody sportowe, dające się znakomicie prowadzić, ale dla większości są one zbyt uciążliwe i niewygodne. Na dłuższą metę podskakiwanie na każdej większej nierówności zniechęci nas do samochodu. Najlepsze są samochody dobrze trzymające się drogi, ale nie za twarde.

W USA bardzo ważne jest przyśpieszenie samochodu. Jest ono niezbędne przy włączaniu się do ruchu na autostradzie, mijaniu i podjazdach na wzniesieniach. Podstawowe znaczenie ma tutaj moc silnika i skrzynia biegów. Moim zdaniem obecnie w Stanach Zjednoczonych najlepsze silniki to sześciocylindrowe silniki benzynowe. Są one najcichsze, najtrwalsze i mają najlepszy stosunek mocy do spalania. Jeśli chodzi o skrzynie biegów, to musimy wybrać je doświadczalnie. Wiem, że niektóre samochody kupujemy z myślą o wysłaniu ich kiedyś do starego kraju, a tam za najlepsze uważane są skrzynie manualne.

Ręczna skrzynia biegów ma sens w samochodach sportowych, ale dla przeciętnego kierowcy automatyczne skrzynie biegów są obecnie bez wątpienia najlepsze. Nie dość, że są wygodniejsze, to jeszcze mogą pozwolić nam na mniejsze zużycie paliwa. Zresztą w naszych czasach automatyczne skrzynie biegów bardzo często mają funkcję przechodzenia na ręczną zmianę biegów, ale bez użycia sprzęgła. Sprawdźmy, jak samochód rusza ze stopu i przyspiesza przy włączaniu się do ruchu przy większych szybkościach. Przy jeździe pod górę i z góry zwróćmy uwagę na zachowanie skrzyni biegów i to, jak płynnie biegi się zmieniają.

Mówiłem wcześniej o hamowaniu z ABS-em. Trudno będzie ocenić na jeździe próbnej hamulce samochodu. Po prostu sprawdźmy, czy pewnie się czujemy przy hamowaniu i czy jest ono płynne, bez blokowania kół i zbyt gwałtownego opadania przodu samochodu w dół.

Na tym etapie trzeba także sprawdzić sterowność samochodu i to, jak trzyma się drogi. Jak reaguje, kiedy gwałtownie ruszamy kierownicą? Co się dzieje, kiedy puścimy kierownicę przy jeździe po prostej drodze na autostradzie? Czy musimy ciągle korygować tor jazdy?

Niektóre samochody mają zmienny układ wspomagania kierownicy. Oznacza to, że samochód będzie się zachowywał inaczej na autostradzie, a inaczej przy wolnej jeździe w mieście. Samochód powinien się dać łatwo prowadzić na normalnej drodze, ale też być na tyle zwrotny przy gwałtownym ruchu kierownicą, aby ominąć przeszkodę czy uniknąć wypadku.

Ważna uwaga. Na jeździe próbnej nie wolno nam próbować limitów sterowności czy szybkości samochodu. Znam przypadki, kiedy trzeba było poprosić klienta, aby zatrzymał samochód i przesiadł się na siedzenie pasażera. Niektórzy ludzie będą ryzykowali życie swoje i innych, aby zaspokoić ciekawość czy potrzebę emocji. Drogi publiczne i cudzy samochód nie są do tego przeznaczone.

Niektórzy lubią słyszeć dźwięk sportowego silnika w samochodzie. Ja jestem zwolennikiem ciszy. Na naszej próbnej jeździe zamknijmy okna, wyłączmy radio i posłuchajmy, jak głośny jest silnik przy gwałtownym przyspieszaniu czy jeździe pod górę. Zbyt głośny silnik może świadczyć o jego niskiej jakości, słabych materiałach izolacyjnych lub złej konstrukcji kabiny czy całego samochodu. Jeśli zwraca to naszą uwagę już teraz, to może się okazać zbyt męczące już po krótkim okresie czasu. Miałem klientów, którzy po pewnym czasie zwiększali liczbę odwiedzin w serwisie i przestawali lubić samochód.

Powodem był hałas wywołany przez wiatr przy szybszej jeździe. Upewnijmy się, że możemy zaakceptować poziom hałasu i że nie słyszymy żadnego grzechotania czy stukania. Rodzaj opon również będzie miał wpływ na poziom hałasu.

Przy sprawdzaniu widoczności dobrze jest sprawdzić widok przy jeździe na wprost i do tyłu. Spróbujmy także zaparkować i przekonajmy się, jak pomocne są przy tym boczne lusterka czy kamera z tyłu. Czy łatwo jest nam określić długość i pozycję samochodu? Pamiętajmy, że porównujemy ze sobą nowe samochody, a nie nasz starszy model.

Po powrocie sprzedawca, jak wspomniałem wcześniej, będzie usiłował zakończyć proces sprzedaży. Nowy samochód może łatwo wywołać podniecenie i spowodować zbyt pochopną zgodę na jego zakup. Nie ulegajmy emocjom i porównajmy wszystkie zaplanowane samochody, a także dilerów. Jeszcze raz zwracam się z apelem. Dajmy nasz biznes tym, którzy traktują swoich klientów z należytym szacunkiem i na to zasługują. Wiem z własnego doświadczenia, że niektórzy dilerzy zlokalizowani blisko polskich społeczności w USA traktują Polaków jak łatwy łup i okazję do zdobycia dodatkowych pieniędzy.

Nawet jeśli zdecydujemy się już ostatecznie na dany model, powinniśmy odwiedzić dilera tej samej marki, a nawet dwóch, i zobaczyć jak nas potraktują i jaką ofertę nam zaprezentują. Nie znaczy to, że najlepiej jest kupić samochód za najniższą cenę. W rozdziale o negocjacji przekonamy się, że cena to nie ostateczny koszt samochodu. Wędrówek od dilera do dilera w celu skorzystania z jazdy próbnej powinniśmy także użyć do oceny samego dilera i jego sprzedawców. To jak jesteśmy traktowani przy pierwszej wizycie, może pokazać nam, jak będziemy traktowani w przyszłości. Pamiętajmy, że przez cały okres gwarancyjny musimy jeździć gdzieś na przeglądy lub naprawy.

Zwróćmy uwagę na kilka elementów przy ocenie dilera. Wiem z własnego doświadczenia, że nawet dobry sprzedawca może nie być w stanie zapewnić Państwu dobrej obsługi, ponieważ jego managerowie kierują się innymi zasadami moralnych czy też cały proces nastawiony jest na szybką sprzedaż i maksymalny zysk. Taką czerwoną flagą jest już fakt, że sprzedawca nie ma własnego stanowiska lub że nie może udzielić samodzielnej odpowiedzi i musi biegać do managera po zgodę na udzielenie odpowiedzi.

Sprzedawca i jego manager powinni traktować Państwa z szacunkiem i uczciwie.

Sprzedawca powinien nas wysłuchać i odpowiadać rzetelnie na nasze pytania.

Powinien udzielić nam wszystkich potrzebnych informacji.

Powinien umożliwić nam jazdę próbną i poświęcić nam wymagany czas.

Powinien zaproponować nam dodatkową jazdę próbną.

Powinien uczciwie odpowiedzieć na wszystkie pytania.

Nie powinien wywierać presji, by skłonić nas do zakupu, a szczególnie nie powinien tego robić przy pierwszej wizycie.

Jeżeli już na początku Waszego kontaktu z dilerem nie jesteście Państwo zadowoleni z kilku tych elementów, to uważam, że powinniście zakupić samochód gdzie indziej. Jestem zwolennikiem usuwania z rynku nierzetelnych i nieuczciwych firm i sprzedawców. Na dłuższą metę wszyscy na tym lepiej wyjdziemy. Wyeliminowanie nieuczciwego dilera przez klientów zmobilizuje innych do zmiany procedur, staranniejszego naboru pracowników, lepszej obsługi wszystkich klientów.

Rozdział 2

Leasing czy finansowanie

W Stanach Zjednoczonych, może oprócz Nowego Jorku, samochód jest koniecznością, a nie luksusem. Większość ludzi ma kilka samochodów i dość często je zmienia. Zwyczaj kupowania za gotówkę nie jest zbyt powszechny. Finansowanie nowego czy używanego samochodu jest - wydawałoby się - prostą sprawą. Idziemy do dilera, negocjujemy najlepszą cenę, a on wszystko za nas załatwia. My jedynie płacimy miesięcznie za samochód. Niestety, to nie jest najlepsza droga i może nas drogo kosztować. Zanim się zdecydujemy na zakup, rozważmy najlepsze opcje finansowania. Tu pojawiają się przed nami trzy drogi. Pierwsza to zakup za gotówkę, którą zdecydowanie polecam. Zdaję sobie jednak sprawę, że przy obecnych cenach samochodów jest to niewykonalne dla większości konsumentów. Druga to wzięcie pożyczki, a trzecia to leasing samochodu. Te dwie ostatnie opcje są najpopularniejsze i porównajmy je ze sobą. W zależności od indywidualnych potrzeb i upodobań każda z nich może być dla nas dobra. Obie mają plusy i minusy, ale obie mogą nas drogo kosztować w opłatach finansowych, jeżeli nie będziemy naprawdę ostrożni i przygotowani.

Polacy rzadziej decydują się na leasing. Zakup wydaje się łatwiejszy i daje większe poczucie własności. Najczęściej pożyczamy pieniądze w banku lub unii kredytowej, idziemy do dilera, płacimy za samochód i przez parę lat spłacamy pożyczkę. Po spłacie samochód należy całkowicie do nas i możemy robić z nim, co chcemy. Nie mamy żadnych ograniczeń i nie musimy się obawiać, kiedy nasz nastolatek go podrapie czy nieco uszkodzi.

Leasing również nie wydaje się trudny. Pieniądze płacimy instytucji finansującej samochód, a sama opłata miesięczna jest prawie zawsze o wiele niższa od spłaty pożyczki bankowej. Leasing trwa zazwyczaj dwa lub trzy lata, a więc przez cały jego okres samochód pokryty jest 36-miesięczną gwarancją producenta. Nie musimy się martwić o problemy mechaniczne czy usterki. Po tym okresie zawozimy samochód do dilera, oddajemy kluczyki lub bierzemy następny. Nie mamy również problemów ze sprzedażą samochodu, czy to prywatnie czy dilerowi. Leasing wydaje się również korzystniejszy, ponieważ nie są wymagane większe sumy na przedpłatę, jeździmy najnowszym modelem, chronionym gwarancją fabryczną, i możemy pozwolić sobie na samochód lepiej wyposażony i droższy.

Jeżeli wszystko wygląda tak różowo, to dlaczego duża grupa ludzi rezygnuje z tego? Jest sporo negatywów związanych z leasingiem. Po pierwsze, mamy ograniczoną liczbę mil do przejechania. Zazwyczaj 12,000. Po drugie, musimy utrzymywać nasz samochód w doskonałym stanie, spełniając wszystkie wymogi gwarancji. W przeciwnym razie pod koniec musimy płacić kary za uszkodzenia czy ponadnormalne zużycie. Po trzecie, kiedy bierzemy samochody w leasing, nieustannie musimy płacić miesięczne opłaty, którym nie ma końca. Po czwarte, jeżeli z przyczyn niezależnych od nas musimy samochód zwrócić wcześniej, będziemy musieli zapłacić duże kary lub zapłacić za cały okres leasingu od razu. Innym niekorzystnym elementem jest to, że nie wolno nam wprowadzać żadnych zmian w samochodzie.

Z finansowego punktu widzenia im dłużej trzymamy samochody, tym mniej opłaca się nam brać je w leasing, a pod koniec nie możemy użyć samochodu jako *trade-in*, by zmniejszyć przedpłatę. Sam system wyliczania opłat w leasingu jest skomplikowany i najważniejsze wartości, takie jak *money factor*, czynnik określający oprocentowanie, czy *residual*, wyznaczona wartość samochodu po okresie leasingu, ustalane są przez producenta czy instytucję finansującą. Daje to dilerowi duże możliwości sięgnięcia głębiej do naszej kieszeni bez naszej wiedzy. Dla wielu ludzi, którzy cenią zapach i wygodę nowego samochodu i którzy gotowi są za to płacić, leasing ma naprawdę sens.

Często, by pomóc klientowi w decyzji, zadawałem mu serię pytań. *Ile mil przejeżdżacie Państwo w ciągu roku czy miesiąca? Czy umieszczacie coś na bagażniku dachowym lub parkujecie w ciasnych miejscach? Jakie są szansę na uszkodzenie samochodu? Czy macie Państwo dzieci, które lubią malować, psa, który źle znosi podróże? Czy wnętrze może ulec uszkodzeniu z innego powodu? Jak długo trzymacie samochody?* Musimy pamiętać, że za uszkodzenie samochodu musimy zapłacić z własnej kieszeni. Również zabrudzenia czy dodatkowe mile mogą nas drogo kosztować. Czasami ponad 1000 dolarów. Tutaj nasuwa się następne pytanie: *Jakie są szanse na to, że w ciągu trzech lat zmienicie pracę lub dom i będziecie musieli dalej podróżować, przez co przekroczycie Państwo limit mil?*

Miałem sytuację, że klienci spłacali samochód o rok wcześniej z powodu znacznego przekroczenia mil. Możemy też mieć dzieci, które już nie malują w samochodzie, ale które chcą nim jeździć. Stają się na tyle dorosłe, by mieć prawo jazdy, ale nie na tyle, by kupić swój własny samochód i płacić za niego. Inną rzeczą, z którą się spotkałem, szczególnie na Manhattanie, były zwroty samochodu po trzech latach leasingu z kilkoma tysiącami mil na liczniku. Nawet po dojechaniu kilku tysięcy mil przez pracownika dilera to darmowy i czysty zysk dla firmy leasingowej. Często samochody takie kupowane są przez dilera czy pracowników dilera i odsprzedawane z zyskiem na wolnym rynku lub członkom rodziny.

Typowe programy leasingowe to 10 000 - 15 000 mil rocznie na okres od 24 do 48 miesięcy. Ponieważ większość gwarancji fabrycznych obejmuje pierwsze 3 lata, jestem zwolennikiem 36-miesięcznych okresów leasingu, także z finansowego punktu widzenia. Jeżeli jeździmy mniej lub więcej mil niż te limity, czy też potrzebujemy samochodu na okres krótszy lub dłuższy, to moim zdaniem lepiej kalkuluje się zakup samochodu.

Proszę również pamiętać, że jeżeli istnieje duże ryzyko uszkodzenia przez nas samochodu, czy to z zewnątrz czy wewnątrz, to lepiej od razu zdecydować się na zakup. Jeżeli tak się już stanie i uszkodzimy samochód, to lepiej naprawić go samemu, oczywiście w profesjonalnym warsztacie, przed jego zwrotem. Będzie to o wiele tańsza opcja niż naprawa u dilera. Jeżeli uszkodzenie jest poważne lub samochód ma bardzo niski przebieg i jest w doskonałym stanie, powinniśmy rozważyć jego zakup. Cena jest już ustalona na początku leasingu i jest nią tak zwana wartość spodziewana (*residual value*) albo inaczej umowna wartość pojazdu po zakończeniu kontraktu. Jednak również tę cenę możemy negocjować, nawet z bankiem. Te negocjacje na końcu leasingu są mniej skuteczne, ponieważ instytucjom finansującym bardziej opłaca się sprzedać samochód po cenach hurtowych na aukcjach i odebrać pieniądze z ubezpieczenia.

Przy leasingu jedyną rzeczą, jaką możemy negocjować i która zależna jest od dilera jest cena. Inne czynniki i wartości ustalane są przez firmy leasingowe. Powinniśmy o tym pamiętać, przystępując do rozmów ze sprzedawcą. Oczywiście, diler narzuca swój własny, przeważnie niewielki, zysk na każdy z tych czynników. Możemy również zdecydować, czy użyć przedpłaty, czy też rozdzielić wszystkie koszty na opłaty miesięczne razem z podatkami, czyli skorzystać z tak zwanej zerowej przedpłaty, której jestem zwolennikiem.

Dla polskojęzycznych czytelników niemówiących dobrze po angielsku podaję najważniejsze terminy dotyczące leasingu w porządku alfabetycznym i ich objaśnienia po polsku. Większość terminologii związanej z zakupami samochodu w USA znajduje się w dodatku na końcu książki.

Acquisition fee/Bank fee – Opłata pobierana przez dilera, która ma pokryć koszty pozyskiwania między innymi raportu kredytowego, potwierdzenia ubezpieczenia i tym podobnej dokumentacji. Koszty administracyjne. Zazwyczaj jest ona ustalana przez bank lub instytucję finansującą.

Adjusted capitalized cost – Wartość (cena) samochodu, na jaką strony zgadzają się na początku leasingu.

Base monthly payment – Część opłat miesięcznych, która pokrywa utratę wartości, koszty amortyzacji i wynajmu. Podatki i inne opłaty dodawane są później.

Cap cost – Suma, jaką finansujemy podczas leasingu.

Cap cost reduction / downpayment – Przedpłata, suma, jaką płacimy na początku.

Closed end lease – Popularny rodzaj leasingu, w którym klient nie musi płacić za różnicę, jeśli wartość samochodu na końcu jest mniejsza niż ustalona na początku wartość spodziewana (*residual value*).

Depreciation and amortized amounts – Opłata ta ma za zadanie pokryć spodziewaną utratę wartości samochodu w okresie leasingu plus wszystkie inne rzeczy, za które płacimy w tym czasie. Wyliczana jest jako różnica między wartością ustaloną na początku (*adjusted capitalized cost*), a spodziewaną wartością na końcu (*residual value*). Utrata wartości jest różna dla poszczególnych samochodów czy marek. Na przykład Lexus czy Honda z reguły tracą mniej na wartości od innych samochodów, przez co ich leasing jest zazwyczaj proporcjonalnie niższy. Kiedy bierzemy samochód w leasing, płacimy właściwie za utratę wartości w danym okresie i związane z tym koszty finansowe. Pamiętajmy, że samochód najwięcej traci na wartości w pierwszym roku.

Disposition fee (Disposal fee) – Opłata mająca na celu pokrycie kosztów przygotowania i wystawienia samochodu na sprzedaż po zakończeniu leasingu.

Early termination – Zakończenie leasingu przed upływem ustalonego terminu bez względu na przyczynę. Zazwyczaj związane jest to z dodatkową opłatą lub spłatą całej sumy od razu.

Excess mileage charge – Opłata za każdą dodatkowo przejechaną milę ponad dozwoloną w umowie.

Excessive wear and tear charge – Opłata mająca na celu pokrycie kosztów utraty wartości spowodowanej uszkodzeniem lub nadmiernym zużyciem pojazdu. Normalne i nadmierne zużycie określone jest przez przedstawiciela instytucji finansującej i obejmuje stan samochodu w środku i na zewnątrz.

GAP coverage – Ten rodzaj ubezpieczenia ma na celu pokrycie różnicy wartości, jeśli samochód zostanie zniszczony lub skradziony i osoba wynajmująca musi zapłacić więcej niż pokrywa jej firma ubezpieczająca. Występują dwa rodzaje tej usługi. Z pierwszym rodzajem mamy do czynienia, kiedy firma leasingowa umarza tę różnicę w przypadku całkowitego zniszczenia lub kradzieży, z drugim, kiedy inna firma wypłaca tę różnicę. Większość współczesnych leasingów posiada ubezpieczenie GAP, ale nie zapomnijmy upewnić się, pytając o to dilera. Manager finansowy będzie chciał nam sprzedać ubezpieczenie GAP ze znacznym zyskiem dla siebie. Negocjujmy to wszystko z naszym sprzedawcą. Moim zdaniem ubezpieczenie GAP jest niezbędne, ponieważ większość samochodów finansowanych czy w leasingu jest warta mniej niż ich właściciele są winni instytucjom finansującym.

Gross capitalized cost (cap cost) – Wartość samochodu, na jaką zgadza się wynajmujący na początku leasingu plus wszystkie inne rzeczy, za które jest gotowy lub musi zapłacić. Obejmuje to podatki, umowy serwisowe, ubezpieczenie, niespłacone pożyczki czy leasingi itp. opłaty.

Inception Cash – Suma, jaką musimy zapłacić na początku. Czasami na kontrakcie jako *Cash due at signing*. Obejmuje zazwyczaj opłatę za pierwszy miesiąc, podatki (również te za przedpłatę), rejestrację, wystawienie aktu własności (*title*) i czasami depozyt, jak i inne opłaty.

Lease contract – Umowa prawna podpisywana przez instytucję oferującą leasing samochodu a klientem dotycząca konkretnego samochodu, okresu trwania, ilości mil i innych warunków. Ponieważ te umowy są bardzo skomplikowane powinniśmy je uważnie przeczytać, zanim cokolwiek podpiszemy. Musimy pamiętać, że po podpisaniu nie możemy się wycofać i zwrócić samochodu. W leasingu samochodu nie ma 3-dniowego (72 godz.) okresu łaski.

Lessee – Osoba lub firma biorąca samochód w leasing, która musi wywiązać się ze wszystkich warunków umowy.

Lessor – Osoba, firma lub instytucja, która oferuje leasing samochodu.

Lien holder – Bank lub instytucja finansująca zakup czy leasing samochodu. Na akcie własności (*title*) wyraźnie informuje się, kto ten samochód finansował i że posiada on obciążenia finansowe. Dopóki nie wywiążemy się z tych zobowiązań finansowych i samochodu nie spłacimy czy nie oddamy, nie można go sprzedać ani zastawić. Biorąc samochód w leasing, musimy poinformować firmę ubezpieczeniową o instytucji finansującej i podać jej nazwę i adres.

Milage allowance – Ustalony limit mil na okres leasingu. Wartość tę możemy negocjować, ale pamiętajmy, że wszystkie pieniądze wpłacone z góry nie podlegają zwrotowi przy niewykorzystaniu tego limitu.

Money factor – Podawana w systemie dziesiętnym liczba, której banki i dilerzy używają do wyliczenia opłat za finansowanie w okresie miesięcznym. Porównywalne do oprocentowania pożyczki. Aby przekształcić ją w zbliżoną wartość procentową, musimy pomnożyć tę liczbę przez 2400.

MSRP /Manufacturer's Suggested Retail Price – Sugerowana cena producenta. Cenę tę widzimy w oknie samochodu na tzw. *window sticker*. Jest ona w pełni negocjonowalna w USA i nie powinniśmy się na nią zgadzać.

One payment lease (Pre-paid lease) – Rodzaj leasingu, w którym wnosi się jednorazową opłatę za cały okres. Zazwyczaj stosowany jest do krótszych terminów (12 miesięcy lub 24 miesięcy). Instytucja udzielająca leasingu zmniejsza czasami koszty finansowania (*money factor*) oszczędzając wynajmującemu nieco koszt. Oszczędzamy również, chociaż niewiele, na podatkach. Dopóki nie zwrócimy samochodu, jesteśmy winni bankowi wartość spodziewaną (*residual value*) i musimy od tej sumy płacić obsługę finansową (oprocentowanie). Stroną negatywną jest ryzyko utraty zapłaconej gotówki w razie kradzieży lub wypadku. Firma ubezpieczeniowa zwraca jedynie wartość pojazdu, jaką ten miał w chwili wypadku. Najlepiej podsumować wszystkie opłaty miesięczne i ewentualną przedpłatę i porównać je z jednorazową zapłatą z góry. Należy upewnić się, jakie ewentualne koszty poniesiemy na końcu leasingu. Niektórzy dilerzy po prostu źle kalkulują całą sumę, dodając miesięczne opłaty i naliczając niepotrzebne podatki.

Purchase option – Prawo zakupu samochodu w czasie trwania lub po zakończeniu okresu leasingu za z góry ustaloną cenę.

Residual value – Tak zwana wartość spodziewana albo inaczej umowna wartość pojazdu po zakończeniu kontraktu. Używana jest do wyliczenia opłat miesięcznych, ceny samochodu, za jaką możemy go nabyć po zakończeniu okresu leasingu i spadku wartości w okresie umowy. Faktyczna cena czy wartość samochodu jest ustalona przez rynek (i oznacza to, ile ktoś będzie gotowy w tym czasie zapłacić za samochód).

Sales tax – Każdy stan ustala i pobiera swoje własne podatki. To, jak jest to robione, zależy od stanu. Proszę pamiętać, że podatki płacimy tam, gdzie samochód rejestrujemy (mieszkamy), a nie tam, gdzie go kupujemy. W przypadku zakupu podatki możemy zapłacić z góry, w ramach przedpłaty (*downpayment*), lub dołączyć do opłat miesięcznych, jak się robi w większości stanów. Przy leasingu podatki możemy płacić od opłat miesięcznych, różnicy ceny umownej i spodziewanej wartości czy, w niektórych stanach, ustalonej ceny. W przypadku leasingu lepiej jest płacić podatki miesięcznie, a nie z góry.

Security deposit – Suma, jakiej może wymagać udzielający leasingu i która może zostać użyta do pokrycia ewentualnych uszkodzeń po upłynięciu okresu leasingu. Najczęściej rezygnuje się z niej, używając jej jedynie, jako narzędzia w negocjacjach.

Subvention – To specjalny program, dzięki któremu producent samochodu przez subwencje pomaga dilerom sprzedać wolno sprzedające się modele, zazwyczaj udzielając specjalnych rabatów lub oprocentowania. Czasami okresy subwencji trwają krótko i należy uważnie śledzić reklamy dotyczące samochodu, który nam się podoba. Jeżeli widzimy reklamy niepodające nazwy dilera lub wielu dilerów w rejonie reklamujących ten sam leasing, to możemy się domyślać, że jest to program sponsorowany przez producenta, i zazwyczaj bardzo dobry. Nie należy jednak zapominać o ostrożności i uważnie przeczytać ofertę. Czasami długość leasingu nie będzie nam odpowiadać albo diler będzie usiłował przestawić nas na inny samochód za, oczywiście, inną cenę.

Najprościej jest porównać leasing do wynajmu np. domu czy mieszkania (*rent*). W przypadku samochodów występują tutaj zasadnicze różnice. Samochód wynajmujemy zazwyczaj na krótki okres czasu: dzień, tydzień. Nie mamy wtedy żadnych możliwości negocjacji opłat finansowych czy nawet ceny. Płacimy określoną stawkę i zwracamy samochód po zakończeniu wynajmu. Biorąc samochód w leasing, opłacamy utratę jego wartości w czasie leasingu, jak również koszty finansowania i zysk właściciela. W czasie obowiązania umowy leasingowej jesteśmy odpowiedzialni za serwisowanie samochodu i jego stan techniczny. Nie dotyczy to nas w przypadku wynajmu. Przy leasingu negocjujemy jego długość, cenę samochodu i opłaty miesięczne.

W praktyce spotkamy się z dwoma rodzajami leasingu samochodowego. Najpopularniejszy to tzw. *closed-end lease*, w którym nie musimy płacić różnicy między wartością spodziewaną samochodu a jego rzeczywistą wartością rynkową po upłynięciu okresu leasingu, jeżeli ta wartość jest mniejsza. Oczywiście jesteśmy odpowiedzialni za stan pojazdu, mile i inne tego typu wymagania. Brak ryzyka czyni ten rodzaj najpopularniejszym.

Open end lease jest natomiast umową, w której zobowiązujemy się zapłacić różnicę między wartością spodziewaną auta a jego rzeczywistą ceną na rynku. Z drugiej strony diler zobowiązuje się zwrócić pieniądze, jeśli wartość rynkowa samochodu jest większa od spodziewanej wartości. Bardziej skłonne do tego rodzaju leasingu są firmy komercyjne.

Obydwa te rodzaje leasingu można jeszcze podzielić, porównując długość spłat. Możemy płacić tradycyjnie co miesiąc lub dokonać jednorazowej opłaty na początku. *One payment lease* jest mniej popularny (opisałem go w słowniku). Podsumowując powiem, że oszczędzamy trochę na opłatach finansowych (podatkach), ale w razie wypadku lub kradzieży ryzykujemy utratę sporej gotówki, nie mówiąc już o tym, że musimy wyłożyć znaczną sumę na początku i nie każdy jest na to przygotowany. Tradycyjny leasing to niższe miesięczne opłaty, które łatwiej ująć w rodzinnym budżecie czy wpisać w koszta firmy. Przy zerowej przedpłacie mniejsze jest też ryzyko utraty pieniędzy jeśli dojdzie do kradzieży czy wypadku.

W celu zawarcia najlepszej transakcji niektórzy eksperci sugerują, trochę podstępnie, by nie mówić, że pragniemy samochód wziąć w leasing, ale negocjować cenę jak przy zwykłym zakupie. Ja tego nie polecam. Po pierwsze, to podstępne nastawienie powoduje, że tracimy szacunek dobrego sprzedawcy i trudno będzie nakłonić go do możliwie najlepszej oferty. Po drugie, producenci samochodów mają odrębne programy dla sprzedaży, finansowania i leasingu. Zazwyczaj rabaty i oprocentowanie są korzystniejsze dla leasingu. Wyjaśniałem to swoim klientom w prosty sposób, zadając kilka pytań.

- Jak długo trzymacie Państwo samochód, kiedy finansujecie go na 60 miesięcy czy kupujecie za gotówkę?

- Typowa odpowiedź to 5-6 lat.

- Jak długo trwa typowy leasing?

- Trzy lata.

- Tak więc w ciągu sześciu lat przy zwykłym finansowaniu producent sprzeda Państwu jeden samochód. Co się

dzieje, kiedy po trzech latach leasingu zwracacie samochód?

- Bierzemy następny.

- Czyli w ciągu sześciu lat fabryka sprzedaje Państwu dwa samochody. Przy dodatkowych zachętach, takich jak spore rabaty dla powracających klientów, jeśli nie macie większych problemów z samochodem, na jaką markę się zdecydujecie?

- Weźmiemy samochód od tego samego producenta i dilera.

- Jakie jest prawdopodobieństwo, że pozostaniecie z tym producentem przez dłuższy czas i weźmiecie więcej samochodów tej marki?

- Spore.

Ten prosty sposób rozumowania wyjaśnia, dlaczego producenci wolą oddawać samochody w leasing, a nie sprzedawać je. Tu mała dygresja. Kłopoty amerykańskich producentów wynikały między innymi z tego, że spodziewane wartości (*residual value*) były sztucznie zawyżane, a koszty finansowe zaniżane, by zyskać klientów i utrzymać w ruchu fabryki, jednocześnie firmy traciły tysiące dolarów na sprzedaży zwróconych z leasingów samochodów. Ostatnio widać, że zdrowy rozsądek zaczął powracać do rad nadzorczych i wartości te stały się bardziej realne.

W poszukiwaniu najlepszej oferty zwracajmy uwagę na reklamy producentów, a potem porównujmy propozycje poszczególnych dilerów. Zapytajmy o wartość spodziewaną (*residual value*) i oprocentowanie (*money factor*). Przypominam, aby przekształcić dziesiętną wartość *money factor* na procenty i móc porównać leasing z finansową ofertą naszego banku musimy tę wartość pomnożyć przez 2400. Np. .0024 x 2400= 5.75%. Stopa procentowa powinna być co najmniej taka, jaką oferuje nam nasz bank czy unia kredytowa.

Wiele osób otwiera lokalną gazetę i myśli, że podane tam miesięczne opłaty to szczera prawda. Po przyjeździe do dilera okazuje się, że liczby są nieosiągalne, a samochód, który był reklamowany, został sprzedany albo to najprostszy model bez podstawowych opcji.

Sprzedawca zazwyczaj powie: „Rozumiecie Państwo jak działa reklama. To normalne, chodzi przecież o ściągnięcie klienta". Skoro udało się już tych klientów (czyli Państwa), ściągnąć diler będzie starał się sprzedać samochód będący na stanie z jak największym zyskiem. Pamiętajmy, że tak jak przy zakupie, również przy leasingu najważniejsza jest wynegocjowana cena.

Sprzedawca będzie podawał miesięczne opłaty, rozpoczynając od sugerowanej ceny producenta (MSRP). U najgorszych dilerów sprzedawca sam nie wie, jaka cena została użyta przy wyliczeniu. Wszystko robi jego manager, który woli, aby jego sprzedawca wierzył, że ten oferuje klientom najlepszą cenę i warunki. Tak jest najczęściej tam, gdzie sprzedawcy nie mają własnych pomieszczeń i komputerów.

Wracając do reklamy: musimy pamiętać, że znakomite oferty fabryczne są aktualne przez określony, zazwyczaj krótki okres. Wtedy nie mamy wiele czasu na rozważania i musimy decydować się szybko. Diler może manipulować jedynie ceną, natomiast producent ustala wszystko: cenę, rabaty, wartości spodziewane i oprocentowanie. Najlepiej wykorzystać wszystko, co oferują producent i diler. Jeżeli takiej oferty nie ma, a samochód musimy wziąć w leasing to polecam wizytę osobistą u minimum pięciu dilerów i zakupy pod koniec dnia, tygodnia, a najlepiej pod koniec miesiąca czy kwartału, oraz oczywiście pod koniec okresu sprzedaży danego modelu.

Niektóre ogłoszenia używają 10,000 mil przy wyliczaniu niskich opłat miesięcznych. Oczywiście dla większości ludzi to za mało. Nie zgadzajmy się na taką ofertę, ponieważ pod koniec leasingu te dodatkowe 25 centów za milę może zamienić się w tysiące dolarów.

Inną próbą zwiększenia zysku i ściągnięcia klientów do dilera przez reklamowanie niskich opłat miesięcznych jest wydłużenie okresu leasingu. Czasami spotkacie się Państwo z niską płatnością miesięczną, a jeżeli przeczytacie to, co zostało napisane drobnym drukiem, okaże się, że musicie wziąć samochód na 60 miesięcy. Oczywiście narażacie się wtedy na ryzyko wyższych kosztów przez opłaty za serwis czy naprawy. Typowe gwarancje fabryczne trwają przecież 36 miesięcy i obejmują 36 000 mil.

Chrysler, GM i Ford przez podległe im instytucje finansowe oferują jeszcze jedną formę pożyczki podobną trochę do leasingu. Wszystkie te programy (GM - Smart Buy, Chrysler - Gold Key Plus, i Ford - Red Carpet Option) to zwykłe pożyczki, które tylko przypominają leasing. Mają one równie niskie opłaty miesięczne i typowe ograniczenia leasingu. Na końcu możemy być zmuszeni zapłacić za zbyt wysoką liczbę mil, nadmierne zużycie auta czy uszkodzenia. Z założenia mamy płacić jedynie za utratę wartości w danym okresie, ale podatki płacimy od całości wynegocjowanej ceny samochodu. Podobnie jak w leasingu możemy oddać samochód na końcu bez względu na jego wartość.

Teraz przedstawię realia tego programu. Aby utrzymać niskie opłaty miesięczne, znaczna suma spłaty pożyczki przesunięta została na koniec wyznaczonego okresu (tzw. opłata balonowa). Wtedy możemy samochód oddać albo spłacić pożyczkę i kupić go. Opłata balonowa jest zazwyczaj tak skalkulowana, że wartość samochodu jest jednak znacznie wyższa. Większości nie pozostaje nic innego jak spłacić pożyczkę i kupić samochód. Nikt przy zdrowych zmysłach i niemający zbyt wiele czasu nie będzie robił z tych pieniędzy ulokowanych w samochodzie prezentu dla dilera. Lepiej go już odkupić i sprzedać na wolnym rynku. Przy tego typu pożyczkach należy wszystkie opłaty dobrze zsumować i porównać ze zwykłą pożyczką. Czasami, z powodu dopłat fabrycznych i innych rabatów, bardziej opłaca się samochód wziąć w leasing niż od razu go kupić, nawet za gotówkę.

Zastanawiając się nad leasingiem, musimy rozważyć dostępne opcje na jego końcu i związane z tym pułapki. Tak jak wspominałem wcześniej, nie płacimy dodatkowych kosztów za normalne zużycie samochodu. Drobne rysy i zabrudzenia nie powinny być problemem. Jeżeli przy podpisywaniu umowy leasingowej nie będzie opisu normalnego zużycia, to możemy poprosić managera o taką informację. Będzie tam nawet podana wielkość dopuszczalnego zadrapania. Większość dilerów podchodzi do tego dość łagodnie, wiedząc, że klient potrzebuje następnego samochodu.

Niektórzy kładą nacisk na uszkodzenia i ewentualne dodatkowe koszty, aby potem sugerować, że jeśli weźmiemy u nich następny samochód, to oni się zatroszczą o wszystko. Upewnijmy się, że wszelkie koszta związane z naprawą nie zostały dodane do nowego leasingu, (tzw. *roll over*). Tak naprawdę o akceptacji uszkodzeń decydują osoby pracujące bezpośrednio lub pośrednio dla instytucji finansującej leasing. Większość z tych firm za darmo przyśle kogoś do nas czy na umówione miejsce w celu dokonania wstępnej inspekcji.

W przypadku uszkodzenia naprawmy samochód sami w profesjonalnym warsztacie wybranym przez nas. Namawiam do odkładania napraw na sam koniec leasingu. Zawsze może się jeszcze coś zdarzyć. Dlatego też powinniśmy wymagać, aby dano nam podpisaną kopię inspekcji samochodu przy oddawaniu kluczy do samochodu u dilera z zaznaczonym także aktualnym stanem licznika. Pamiętajmy, że sporadycznie dilerzy używają tych samochodów dla własnych celów. Jeśli zostawiliśmy zastaw (*security deposit*), to nie zapominajmy zażądać jego zwrotu.

Spotkałem się z wieloma sytuacjami, kiedy klient decydował się na leasing nowego samochodu, chociaż pozostało mu do spłaty jeszcze kilka miesięcy z poprzedniego leasingu. Powody mogą być różne, a czasami jest to konieczność. Nie polecam jednak wyruszania na zakupy parę miesięcy wcześniej i podejmowania decyzji o zakupie samochodu pod wpływem dilera czy emocjonalnego podejścia do nowego auta. Diler może nam proponować te same miesięczne opłaty co poprzednio, ale to nie znaczy, że robimy dobry interes. Ceny samochodów, programy i rabaty mogą się zmieniać, ale zawsze te kilka miesięcznych opłat zostanie włączonych w cenę nowego samochodu i przy odpowiednich manipulacjach - utrzymana ta sama cena.

Proszę pojechać do kilku innych dilerów i twardo negocjować u tego, który sprzedał nam samochód wcześniej. Negocjujmy nie tylko cenę, ale także oprocentowanie (*money factor*). Dilerzy, chociaż go nie ustalają, zawsze nieco je zawyżają, aby zwiększyć zyski, sugerując, że przy naszym kredycie nie mogą nam dać nic lepszego. W negocjacjach walczmy również o takie czynniki, jak liczba dozwolonych mil, wielkość przedpłaty lub jej całkowita eliminacja, wartość spodziewana (cenę zakupu na końcu leasingu). Dilerzy często zostawiają sobie pewien margines zysku na każdym elemencie negocjacji. Najlepsze leasingi mają samochody o najwyższej spodziewanej wartości. Warto brać to pod uwagę.

Unikajmy długich terminów i takiej liczby mil leasingu, które przekraczają gwarancje fabryczne. Wykupmy, jeśli trzeba, ubezpieczenie GAP.

Jest jeszcze jedna sprawa, o której będę mówił szerzej w rozdziale poświęconym negocjacjom. Chodzi o użycie naszego poprzedniego samochodu w celu zmniejszenia przedpłaty i opłat miesięcznych, czyli tzw. *trade-in*. Jest to normalna sprzedaż naszego samochodu po cenach hurtowych i należy negocjować jak najwyższą zapłatę. Jeśli chodzi o leasing, to musimy przypilnować, aby jego wynegocjowana cena została odjęta od kosztu kapitałowego nowego samochodu (*capitalized cost*).

Najlepsza wynegocjowana cena nie gwarantuje dobrego interesu. Jeśli bierzemy pożyczkę, narażamy się na dodatkowe koszty. Szukanie i negocjowanie najlepszej pożyczki to sporo pracy, wymaga także przygotowania i wiedzy. Najlepiej udać się do swojego banku czy unii kredytowej i poprosić o szczegółowe wyliczenie pożyczki na nasz nowy samochód. Dobrze jest też sprawdzić wielkość przeciętnego oprocentowania w Internecie. Powinniśmy poznać też stan naszego kredytu. Adresy biur kredytowych i innych źródłowych informacji podaję w dodatku na końcu książki. Każde z trzech największych biur kredytowych ma obowiązek przysłać nam raport kredytowy raz do roku. Najlepiej brać jeden co 4 miesiące, wtedy jesteśmy w miarę dobrze zabezpieczeni i poinformowani w skali roku. Zajrzyjcie Państwo na stronę: www.annualcreditreport.com. Uzbrojeni w tę wiedzę możemy udać się do dilera.

Wielkim błędem klientów jest rozważanie zakupu samochodu z myślą jedynie o miesięcznych opłatach. Zbyt często słyszałem, że ktoś może jedynie zapłacić 350 dolarów miesięcznie. Takie myślenie zazwyczaj kończy się zapłaceniem nawet tysięcy dolarów więcej od innych. Wiem, że 350 dolarów brzmi lepiej od 450 dolarów, ale po dodaniu wszystkich opłat i spłat miesięcznych może się okazać, że to 350$ oznacza 30,000$, które łącznie zapłacimy za samochód, jaki przy krótszym okresie spłat, mniejszych opłatach i lepszym oprocentowaniu kosztowałby nas w sumie 24,000$.

Dilerzy zazwyczaj zawyżają przysługujące nam oprocentowanie w celu zwiększenia zysku. Jeżeli widzimy, że oferta sprzedawcy odbiega od tego, co już ustaliliśmy, po prostu ją odrzućmy. Koniecznie sprawdźmy oferty producentów samochodów. Te są zazwyczaj najlepsze, ale z dilerem musimy o nie walczyć. Kilka ogólnych zasad. Im krótszy termin spłaty pożyczki, tym wyższe miesięczne opłaty, ale niższy koszt całkowity. Według mnie najlepiej wybierać najkrótsze terminy i spłacać pożyczki jak najszybciej, jeżeli nas na to stać. Zachowujemy, jak wspomniałem wcześniej, margines bezpieczeństwa. Chociaż są oczywiście wyjątki, na przykład zerowe oprocentowanie na 60 miesięcy od producenta. Typowe okresy to 36, 48 i 60 miesięcy. Nie polecam dłuższych okresów. Jednak nawet zerowe oprocentowanie na 72 miesiące może okazać się gorszym interesem od niskooprocentowanego programu innego producenta, który przy okazji udziela niewielkiego rabatu. **Proszę bardzo starannie** sumować miesięczne opłaty, koszty i rabaty i dopiero wtedy **porównywać pożyczki i programy**. Nieraz będziecie Państwo zdumieni tym, jak pozornie dobra pożyczka okazuje się złym interesem.

Upewnijmy się też, że nie musimy płacić kar za wcześniejszą spłatę pożyczki.

Jeżeli nasz raport kredytowy podaje nam numeryczną wartość FICO powyżej 700 punktów, to nie pozwólmy dilerowi wmawiać nam, że nie przysługuje nam najlepsze oprocentowanie.

Pamiętajmy, że raporty, jakie otrzymamy za darmo z biur kredytowych, nie podają tych punktowych wartości. Musimy po prostu zapytać naszego sprzedawcę: „Ile punktów pokazuje wasz raport i z jakiego biura korzystacie?". Zawsze możemy też poprosić o pokazanie wydruku.

Diler poza samochodami sprzedaje inne produkty np. finansowanie. Tak zwany business manager ma kontakt z kilkoma instytucjami finansowymi i zarabia pieniądze na dwa sposoby. Stara się sprzedać klientowi jak najwyższe oprocentowanie, aby potem otrzymać prowizję od instytucji finansowej, odsprzedając im w praktyce kontrakt z klientem. Drugi sposób na zwiększenie zysku to podniesienie przysługującego klientowi oprocentowania. Jeżeli chcemy zachować najlepsze warunki, to powinniśmy zapoznać się z innymi źródłami finansowania. Nie będą one nigdy tak wygodne, ale diler, aby sprzedać samochód, będzie się starał przynajmniej zapewnić finansowanie na tym samym poziomie.

Ostrzegam przed pochopnym udzielaniem informacji w celu otrzymania pożyczki w Internecie. Nawet autentyczna instytucja może sprzedać nasze dane i zostaniemy zasypani reklamą przez Internet, telefon i pocztę.

Spotkałem klientów, którzy woleli finansować samochody, zastawiając własne domy (tzw. home-equity loans). Twierdzili, że mogą odpisywać pożyczkę od podatku i otrzymują niższe oprocentowanie, co lepiej się kalkuluje niż pożyczki tradycyjne. To zazwyczaj jest prawdą, ale musimy także brać pod uwagę opłaty bankowe za udzielanie tych pożyczek i pamiętać, że występuje kilka typów, które trzeba rozważyć. Ja ostrzegałbym przed tymi pożyczkami na dłuższą metę ze względu na bezpieczeństwo. Jeżeli zachorujemy i przestaniemy płacić systematycznie, to przy zwykłej pożyczce bank odbierze nam samochód. Jeżeli tak się stanie przy pożyczce na samochód, której zabezpieczeniem jest dom, to nasza rodzina straci dach nad głową.

Na pewno nie polecam pożyczania pieniędzy z karty kredytowej. Karty kredytowe oferują nam dobre warunki na początku, aby potem podnosić oprocentowanie. Na dłuższą metę samochód będzie nas w ten sposób kosztował znacznie więcej.

Polecam, aby czy to do leasingu czy zakupu przez finansowanie, zdyscyplinować się i starannie policzyć koszty. Pomocne mogą być tabele, na których powinny się znaleźć:

cena zakupu (koszt leasingu),

koszt oprocentowania (*money factor*),

liczba miesięcy pożyczki (długość leasingu w miesiącach),

opłata miesięczna,

suma opłat miesięcznych,

stan licznika na początku,

dozwolona liczba mil w leasingu,

koszty końcowe leasingu,

wartość starego samochodu (*trade-in*), jeśli go sprzedajemy u dilera,

dodatkowe opłaty,

wielkość przedpłaty (*downpayment*).

Po odjęciu wartości starego samochodu od ceny zakupu i dodaniu wszystkich innych wartości będziemy mieli czarno na białym, co się nam najlepiej opłaca z finansowego punktu widzenia.

Rozdział 3

Przygotowanie do negocjacji

Coraz bardziej zbliżamy się do tej, dla wielu osób, niezbyt przyjemnej chwili spotkania się oko w oko z naszym sprzedawcą i jego managerem. Zanim tak się stanie, uzbrójmy się jeszcze w troszeczkę więcej amunicji. Dobrze byłoby wiedzieć, ile diler płaci za samochód, i z tego miejsca zacząć negocjacje. Warto również wiedzieć, jaka jest przeciętna cena za upatrzony przez nas samochód w danym rejonie, by móc zrozumieć postawę dilera i zrobić interes, który będzie dobry dla każdego i oszczędzi nam sporo czasu. Po prostu *fair deal*. Brak wiedzy na temat tego, ile inni zapłacili, jest kosztownym błędem przy zakupie samochodu. Powinniśmy orientować się, ile przeciętnie zapłacono za wybrany przez nas model w naszym rejonie.

Oficjalnie ceny ustalane są przez producenta i podawane na jego stronach internetowych i w oknach nowych samochodów (- tzw. *window sticker*). Na stronie internetowej podawana jest cena podstawowa (*MSRP*) i dodawane ceny za poszczególne opcje. Pamiętajmy, że są to ceny sugerowane i poddawane weryfikacji przez wolny rynek. Jeżeli jest to nowy model, samochód, na który czeka wielu potencjalnych nabywców, dilerzy mogą zawyżyć tę cenę nawet o tysiące dolarów i żaden z nich nie będzie skłonny jej obniżyć. Oczywiście powinniśmy się przygotować i negocjować cenę, ale pamiętajmy, że ten jedyny, modny samochód będzie nas odpowiednio więcej kosztował.

Typowa jest jednak sytuacja, kiedy diler będzie próbował sprzedawać samochód za cenę sugerowaną, obserwując klienta i jego postawę. Jeżeli przekona się, że jesteśmy nieprzygotowani, to będzie twardy, a jego upust niewielki, czasami zaledwie kilkaset dolarów. Klient przygotowany do negocjacji będzie w stanie kupić ten sam samochód o tysiące dolarów taniej.

Niestety, polscy klienci, chociaż lubią kupować tanio, zazwyczaj nie robią dobrych interesów i należą do tej pierwszej kategorii. Z własnego doświadczenia wiem, że bez względu na uczciwość sprzedawcy najbardziej winni tego stanu są właściciele i managerowie stwarzający system, który promuje zysk bez względu na wszystko. Ulegają jedynie pod presją czy to konkurencji, opinii publicznej kar czy sankcji producentów i sądów.

W swojej karierze miałem przywilej spotykać niezmiernie uczciwych właścicieli, managerów i sprzedawców i pracować z nimi. Niestety dla tych z Państwa, którzy wiedzą, gdzie pracowałem ostatnio, a było to blisko najbardziej polskiego miasta w New Jersey, Wallington, słowo ostrzeżenia. Sposób sprzedaży i traktowania ludzi przez tego dilera był jednym z głównych powodów napisania tej książki. Powiem krótko: „Nie polecam".

Wszystkich innych zapraszam do przygotowania się na podobne sytuacje. Pierwszą rzeczą jest poznanie kosztów dilera. Uważam, że tak zwany *invoice price* (świadomie używam angielskiej terminologii, bo w USA nie można dobrze kupić samochodu bez znajomości podstawowego słownictwa w tym języku), jest dobrym punktem odniesienia. Nie jest to rzeczywisty koszt dilera, ale jest to oficjalna cena, jaką diler musi zapłacić producentowi . NAJWAŻNIEJSZE, ŻE JEST JEDNAKOWA DLA WSZYSTKICH DILERÓW. W celu poznania tej ceny najlepiej odwiedzić kilka stron internetowych.

Pamiętajmy, że aby poznać tę cenę, musimy upewnić się, że sugerowana cena detaliczna (MSRP) zgadza się z tą na samochodzie u dilera. Sprawdzając cenę w Internecie musimy starannie dodać wszystkie opcje i pakiety. Polecam strony, które udostępniają te informacje za darmo, np. edumunds.com, kbb.com, carsdirect.com, invoicedealers.com i wiele innych, które możemy znaleźć przez wyszukiwarkę. Ta oficjalna cena nie jest faktycznym kosztem dilera i trudniej będzie nam znaleźć informację o wszystkich dopłatach, jakie diler otrzymuje od producenta. Powinniśmy wyszukać informację o rabatach i dopłatach, ale dopiero wizyty u kilku dilerów pozwolą zorientować się, czy jeszcze jest coś, o czym nie wiemy.

Dilerzy często otrzymują specjalne, nigdzie nieogłaszane dopłaty, których nie muszą udostępniać klientom ani ich o tym informować. Zamiast obniżyć cenę próbują po prostu zwiększyć zyski. Dopłaty występują w zależności od regionu i czasu, ale zawsze warto się nimi zainteresować, ponieważ w wypadku niektórych modeli może to być kilka, a nawet kilkanaście tysięcy dolarów. Zazwyczaj chodzi o pomoc w sprzedaży powoli sprzedających się samochodów, dlatego okres trwania tych dopłat jest krótki i nie powinniśmy liczyć na nie w następnym miesiącu. Tylko diler wie, jak długo program dopłat ma obowiązywać, i oczywiście nie jest skłonny dzielić się tą informacją. Z drugiej strony takie programy zmieniają się z miesiąca na miesiąc. U najgorszych dilerów takie informacje ukrywane są nawet przed sprzedawcami albo mówi im się, że program się kończy, aby z większą wiarygodnością przekonywali klientów do natychmiastowego zakupu.

Powiedzmy, że dowiedzieliśmy się - czy to z Internetu, czy od dilera, że w styczniu mamy 5000 dolarów rabatu dla dilera i 1000 dolarów dla klienta (*customer rebate*). Jeżeli będziemy czekać, aby dokonać zakupu w lutym, to może się okazać, że po 1 lutego te rabaty przestały obowiązywać. Spora strata. W takich sytuacjach doradzam, aby dokonać wyboru i wynegocjować samochód w ciągu jednego miesiąca kalendarzowego. Podobna sytuacja jest z niskim lub zerowym oprocentowaniem sponsorowanym przez producenta.

Ważnym terminem, który musimy poznać jest tzw. *holdback*. Bez tego nie poznamy ceny, jaką płaci diler. Niektóre strony internetowe podają wartość *holdback*, ale dla nas ważne jest, aby poznać chociaż jego wartość zbliżoną. *Holdback* to pieniądze, jakie diler otrzymuje od producenta po sprzedaniu samochodu. Jego wartość jest bardzo różna, ale przeciętnie to około 2 do 3 procent wartości samochodu. Najlepsi dilerzy uwzględniają te sumy w rozliczeniach ze swoimi klientami i sprzedawcami. Najgorsi starają się je ukryć lub zignorować. *Holdback* zazwyczaj wyniesie od kilkuset do kilku tysięcy dolarów dla drogich samochodów z wyższej półki. Diler otrzymuję całą tę sumę jedynie wtedy, kiedy sprzeda samochód w miarę szybko, inaczej koszty finansowe utrzymania samochodu potrącane są z tej sumy.

Nie jestem zwolennikiem negocjowania ceny do tego stopnia, by diler musiał używać tych pieniędzy. Poza wyjątkami z trudnym do sprzedania samochodem uważam, że to nieuczciwe wobec dilera. Musimy jednak uwzględniać *holdback* w ogólnym rozrachunku, by wszystko było faktycznie *fair*. Taką liczbą według mnie jest około 3-7% ponad koszty dilera lub przeciętna cena, jaką płaci się w danym rejonie i okresie. Pewien manager, z którym pracowałem w Nowym Jorku, bardzo często pokazywał *invoice*, aby udowodnić klientowi, że robi dobry interes, a on sam naprawdę sprzedaje po kosztach i nic nie zarabia. Oczywiście zarabiał nieźle i pozbywał się samochodu, który inaczej trudno byłoby mu sprzedać.

Większość sprzedawców będzie jednak unikała rozmowy o kosztach własnych i pokazywania faktury. NAJLEPIEJ JEST ZAWSZE PRZEJECHAĆ SIĘ DO KILKU DILERÓW, PORÓWNAĆ CENY, JAKIE OFERUJĄ I ZWERYFIKOWAĆ JE Z CENAMI OFEROWANYMI W INTERNECIE. Właściciele stron takich jak carsdirect.com współpracują z lokalnymi dilerami i po podaniu im informacji dotyczących wyposażenia i modelu zaoferują nam ceny, które współpracujący z nimi dilerzy respektują. Na stronach edmunds.com i autobytel.com podaje się przeciętne ceny, za jakie dany model samochodu jest sprzedawany, ale zauważyłem, że odbiegają one od realiów rynku - przynajmniej tam, gdzie pracowałem. Dilerzy nie lubią, kiedy muszą konkurować cenowo ze sobą, ale z punktu widzenia klienta to najlepsza strategia i dobrze jest po prostu powiedzieć, że jedziemy jeszcze do przynajmniej 5 innych dilerów i prosimy o najlepszą ofertę. Po uzyskaniu najlepszej ceny nie wolno nam opuszczać tarczy. Sprzedawcy dobrze wiedzą, że diler nadrabia straty i uzyskuje często największe zyski w biurze managera finansowego.

Jak to tej pory żadnej z firm nie udało się zmienić sposobu sprzedaży samochodów w USA, chociaż próby są ciągle podejmowane. Spotkacie się Państwo z reklamami takich firm, jak Scion (Toyota) czy Saturn (GM), które oferują „tę samą, niską" cenę u wszystkich swoich dilerów. Nie jest to do końca prawdą, bo przeceny są stosowane, ale u dilera faktycznie nie musimy się denerwować i targować o każdy grosz. Po sprawdzeniu, czy w danym okresie występują jakieś rabaty, np. studenckie, musimy się po prostu zastanowić, czy w naszych oczach cena odpowiada wartości samochodu i czy to faktycznie pojazd zaspokajający nasze potrzeby i spełniający nasze pragnienia.

Z ofertami jednej ceny, bez stresu negocjacji, zetkniemy się też w Internecie, oferty takie przedstawiają niektórzy dilerzy i takie miejsca, jak Costo czy Sam's Club. To też są tak naprawdę oferty lokalnych dilerów, którzy wiedzą, że musimy dobrać sobie opcje, sprzedać stary samochód czy wziąć pożyczkę, a na tym wszystkim zarobią oczywiście pieniądze. Warto się z nimi zapoznać, by wiedzieć, powyżej jakiej ceny nie musimy wychodzić w negocjacjach z naszym sprzedawcą i za jaką cenę diler jest gotowy samochód sprzedać.

Niektórzy czekają z zakupem na koniec roku, myśląc, że kupując samochodowe pozostałości, zrobią najlepszy interes. Jest to prawda z dwóch powodów: po pierwsze, producenci udzielają wtedy specjalnych rabatów, aby pomóc dilerom, a po drugie, dilerzy są bardziej skłonni do przeceniania samochodu, oferując sprzedawcom dodatkowe bonusy za sprzedaż właśnie takiego samochodu. W momencie pojawlenia się nowego rocznika danego modelu u dilera często pozostają niesprzedane samochody z poprzedniego rocznika, które wydają się coraz mniej atrakcyjne i które trudniej sprzedać. Nastawiając się na ten kierunek, musimy pamiętać o kilku ważnych sprawach. Modele są wprowadzane przez cały rok, a nie tylko na jego końcu.

Spotykałem się na przykład z wprowadzeniem modelu 2010 już w lutym 2009 roku. To komplikuje sprawę rabatów i okresu ich trwania.

Następną kwestią jest ograniczony wybór dostępnych pojazdów. Trudno będzie nam znaleźć ulubiony kolor i opcje. Pozytywne jest to, że jeśli pojazd znajdziemy, diler może sprzedać świetnie wyposażony samochód za cenę wersji podstawowej jeszcze sprzed kilku miesięcy.

Tu dorzucę, że największe szanse na znalezienie dobrze wyposażonego samochodu dają nam kupno samochodu „demo", tzn. takiego, który był używany przez pracowników dilera do celów osobistych. Zazwyczaj jeżdżą nimi managerowie, a ci biorą dla siebie samochody najlepiej wyposażone. Samochody demonstracyjne używane jedynie do jazd próbnych przez niektórych dilerów mają niekiedy nieco mniej opcji. Innym negatywnym zjawiskiem jest to, że samochód ze starszego rocznika natychmiast traci znacznie więcej na wartości. Taki zakup ma sens, jeśli nie będziemy zmuszeni samochodu sprzedać i planujemy trzymać go przez wiele lat.

Tak jak wspomniałem, nowe modele samochodów wprowadzane są obecnie przez cały rok. Wiele osób, polując na przeceny, czekało dawniej z zakupem na koniec lata, spodziewając się, że diler robiąc miejsce na nowe modele, będzie skory do opuszczania ceny. Chociaż prawdą jest, że wiele nowych samochodów wprowadza się na jesieni, to jednak polowania takie mogą się odbywać przez cały rok w zależności od modelu. Zazwyczaj dilerzy motywują sprzedawców, oferując im miesięczne bonusy w zależności od liczby sprzedanych samochodów. Z tego powodu dobrze jest podejmować ostateczną decyzję w ostatni weekend miesiąca. Wielu dilerów traktuje soboty w szczególny sposób i wypłaca sprzedawcy gotówkę od każdego sprzedanego w sobotę samochodu. Powiedzmy 50$ za pierwszy, 75$ za drugi i 100$ za trzeci sprzedany i dostarczony samochód.

Ta presja ze strony managerów powoduje, że sprzedawcy mogą unikać niektórych klientów, okazywać im niechęć czy nawet odmawiać testowania samochodu, a skupiać się na tych, którzy „prawdopodobnie" kupią dzisiaj. Sobota nie jest dobrym dniem, jeśli wiemy, że potrzebujemy więcej czasu na przyjrzenie się samochodowi, którego z pewnością teraz nie kupimy. Może być bardzo dobrym dniem, jeśli mamy już wszystko sprawdzone i pragniemy skłonić dilera do przyjęcia naszej oferty.

Jak uczy doświadczenie, samochody sprzedają się najgorzej w listopadzie i styczniu, a to daje więcej siły klientowi, który wtedy kupuje. Innym dobrym dla klienta miesiącem jest grudzień z powodu świąt i faktu, że jest to ostatni miesiąc zamykający rok i ostatni kwartał. Dilerzy porównują się ze sobą w liczbie sprzedanych samochodów nie tylko z miesiąca na miesiąc, ale i w skali roku. Te porównania to nie tylko próżność czy sportowa chęć współzawodnictwa, ale większe pieniądze i lepsze przydziały trudno dostępnych samochodów przy składaniu zamówień.

Niektórzy doradzają zakup w marcu z powodu końca roku podatkowego, a odradzają zakup w kwietniu, ponieważ dilerzy unikają wtedy udzielania rabatów, wiedząc, że większość podatników/ klientów otrzymuje zwroty podatków, które kieruje na zakup samochodu.

Mimo wszystko rabaty i promocje nie powinny decydować o wyborze samochodu. Należy je sprawdzić i wykorzystać, jeśli są, i to wszystko. Pamiętajmy, że rabaty otrzymuje każdy, natomiast niskooprocentowane pożyczki tylko ci, którzy posiadają znakomity kredyt. Nie podejmujmy pochopnej decyzji, przeskakując po drodze ważne etapy w wyborze samochodu.

Jeśli rabat będzie miał tak ogromne znaczenie, że zdecydujemy kupić samochód, to pamiętajmy, że największe rabaty udzielane są na samochody, które nie znajdują łatwo nabywców. Ten sam powód, dla którego nie ma chętnych na samochód, może się okazać później źródłem kłopotów czy udręki. Zachowujmy spokój. Jeśli potrzebujemy samochodu, to wynegocjujmy go i kupmy wtedy, kiedy jesteśmy na to gotowi.

Inną ciekawą rzeczą, którą zauważyłem u niektórych dilerów, była praca tak zwanych BDC (*Business Development Center*). Są to miejsca, gdzie kieruje się wszystkie zewnętrzne telefony dotyczące sprzedaży. Pracują tam zazwyczaj młodzi ludzie niezajmujący się bezpośrednio sprzedażą, których zadaniem jest przyciągnięcie klienta do dilera. Nie wszyscy dilerzy stosują te metody, ale musimy pamiętać, że informacje, których nam udzielają nie zawsze są wiarygodne. Z drugiej strony, dzwoniąc do dilera, zapisujmy, z kim rozmawiamy, a także szczegóły (ceny) tej rozmowy.

Pracownicy BDC, aby zarobić pieniądze, gotowi są podać e-mailem czy przez telefon ceny *invoice*, uważając, że osoba, która dzwoni lub wysyła e-mail, sprawdziła ceny w Internecie i z pewnością skontaktuje się z innymi dilerami. Jeśli chcemy kupić samochód za gotówkę lub mamy własne źródło finansowania i oczywiście nie mamy starego samochodu, który chcemy sprzedać dilerowi, to możemy spróbować negocjacji przez telefon. Nie jest to łatwe, ponieważ większość dilerów odmawia podawania cen przez telefon.

Jeśli znajdziemy dilera gotowego negocjować przez telefon, to lepiej od razu powiedzmy mu, że znamy jego koszty, będziemy dzwonić do innych dilerów i szukamy najlepszej ceny. Aby pokazać, że naprawdę jesteśmy na to gotowi, zaoferujmy podanie mu numeru karty kredytowej, jeśli dojdziemy do porozumienia. Oczywiście poinformujemy go, że samochodem już jeździliśmy (należy to zrobić wcześniej) i podać opcje, kolor i wyposażenie naszego przyszłego samochodu. Kiedy sprzedawca będzie nalegał na spotkanie, mówiąc, że najlepszą cenę może podać nam jedynie na miejscu, najlepiej powiedzieć: *Mam ograniczony czas i nie mogę pozwolić sobie na długie rozmowy. Skupmy się na interesach*.

Następną kwestią jest znalezienie wymarzonego przez nas samochodu. Najlepiej jeśli jest to dość popularny model z odpowiednim zestawem opcji. Łatwiej będzie nam znaleźć kilku dilerów z samochodem na stanie i wynegocjować najlepszą cenę. Oczywiście, jeśli jest to trudno dostępny model lub samochód wyposażony w rzadko spotykane opcje, to musimy przygotować się na zmianę strategii i prawdopodobnie wyższą cenę. Wielu ekspertów poleca sprawdzanie stanu posiadanych przez dilera samochodów na jego stronie internetowej, wysłanie e-maila i na końcu telefon do działu sprzedaży. Wszystkie te warianty są właściwym krokiem, ale musimy patrzeć na to z przymrużeniem oka.

Pamiętajmy, że diler nie sprzedaje samochodów przez telefon. Jego celem jest ściągnięcie klienta na miejsce. Często jest tak, że już sprzedane samochody są ciągle umieszczone na stronie internetowej, sprzedawca powie, że samochód jest dostępny, a po przyjeździe okaże się, że *właśnie został sprzedany*. Każdy diler woli sprzedać samochód znajdujący się w jego posiadaniu, ale z drugiej strony zamówi czy ściągnie każdy dostępny pojazd dla pozyskania klienta. Oczywiście będzie chciał wtedy odpowiednio więcej zarobić.

Dzwoniąc czy jadąc do kilku różnych dilerów, upewnijmy się, że porównujemy ten sam model samochodu. Nasze kalkulacje mogą okazać się mylne. Najlepiej spisać opcje z okna samochodu u dilera, ceny poszczególnych opcji i sugerowaną cenę za cały samochód *(MSRP)*. Przy każdej następnej wizycie czy telefonie cena *MSRP* i opcje muszą się zgadzać.

Moim zdaniem najlepiej negocjować z dilerami, którzy mają na stanie samochód, jakiego poszukujemy, nawet jeśli musimy jechać dość daleko. Czasami, jeśli diler naprawdę się stara i jest wobec nas rzetelny, można poczekać na samochód i zgodzić się na ściągnięcie go od innego dilera (tak zwany s*wap*) czy z portu. Ma to sens wtedy, kiedy jest to trudno dostępny egzemplarz. Oczywiście, cenę negocjujemy wcześniej, ale zazwyczaj wiąże się to z pozostawieniem niewielkiej sumy jako zadatku i tym, że nie widzimy samochodu przed zakupem.

Innym **błędem jest kupowanie opcji, których nie potrzebujemy.** Nie marnujmy pieniędzy na opcje, które szybko wyniosą cenę samochodu poza orbitę rozsądku. Na przykład nawigacja w najmniejszym lexusie kosztuje około 2,500$, a robi dokładnie to samo, co mój TomTom za 200 dolarów. Uważam, że lepiej czasami zrezygnować z opcji, bez której możemy żyć, niż płacić w sumie dużo więcej za samochód z mniej ważnym wyposażeniem. Jeśli diler doliczy nam jedynie koszt wymaganej przez nas opcji (mam na myśli jej cenę *invoice* plus kilka procent) to nie ma problemu. Wiem z doświadczenia, że w rzeczywistości tak bywa niezmiernie rzadko. Najczęściej płacimy znacznie więcej niż wynosi sam koszt opcji. Dilerzy z reguły zamawiają samochody lepiej wyposażone, wiedząc, że najlepiej na nich zarabiają.

Nie polecam zamawiania samochodu, ale jeżeli zapragnęliśmy kupić trudno dostępny czy specjalny pojazd, to polecam negocjowanie z kilkoma dilerami jednocześnie. Producenci planują produkcję bazując na własnych doświadczeniach i badaniach rynku. Procentowo wyliczają ilość samochodów z poszczególnymi zestawami opcji i rejony ich dystrybucji. Bogatsze rynki otrzymują zazwyczaj lepiej wyposażone samochody, a w innych niektóre samochody nie są w ogóle dostępne.

Polacy pamiętają, że samochód może wylądować kiedyś w starym kraju jako mienie przesiedleńcze i z tej perspektywy dobierają opcje. Mieszkając na Florydzie, trudniej jest znaleźć samochód przystosowany do jazdy w trudnych zimowych warunkach. Najlepiej ściągnąć go ze stanu, który ma klimat podobny do polskiego. Tak naprawdę zamówienie samochodu przez dilera bezpośrednio z fabryki nic go nie kosztuje. Jedyne ryzyko, na jakie się naraża, to możliwość rezygnacji przez klienta i pozostanie z samochodem, który być może będzie trudno sprzedać. Dlatego prawie zawsze wiąże się to z pozostawieniem zadatku.

Wielu dilerów powie nam, że nie zwracają zadatków i musimy się przygotować na trudności, jeżeli zrezygnujemy z samochodu po złożeniu zamówienia. Jeżeli zamawiamy samochody europejskie czy amerykańskie, to zamówienie nie stanowi zazwyczaj problemu dla producenta, ale okres oczekiwania i tak wyniesie od czterech do ośmiu tygodni. Gorsza sytuacja dotyczy zamawiania samochodów japońskich. Na seryjnie produkowany samochód będziemy czekać nawet trzy miesiące, natomiast jakieś większy wybór opcji nie wchodzi w grę. Producenci japońscy zazwyczaj odmawiają specjalnej budowy samochodów. W takich sytuacjach polecam patrzenie sprzedawcy na ręce i staranne sprawdzanie dokumentów zamówienia. Nieuczciwy sprzedawca może „troszeczkę dopasować" zamówienie do oferty producenta, a nam będzie trudno się z tego wycofać.

Do korzyści indywidualnego zamówienia należy fakt, że kupujemy samochód zaspokajający nasze potrzeby i nie płacimy za opcje czy wyposażenie, których nie używamy. Mamy więcej możliwości przy negocjacjach i musimy od razu przypomnieć sprzedawcy, że diler nie jest obciążony kosztami utrzymania i ubezpieczenia samochodu na stanie, a my, dając mu zadatek, stawiamy go w idealnej sytuacji. Prawda jest taka, że zarówno sprzedawcy, jak i klienci przyzwyczaili się, że zamówienie samochodu wiąże się z wyższym kosztem. Proszę pamiętać, że tak nie musi być w Państwa przypadku.

Szukając dilera, który ma „nasz" wymarzony samochód na stanie - czy to telefonicznie, czy przez e-maile - prośmy o podanie nam cen. Tak jak wspomniałem wcześniej, będzie to trudne, ponieważ większość sprzedawców odmówi podawania cen na odległość. Musimy wyraźnie mówić, że planujemy zakup u najtańszego dilera i będziemy się kontaktować z kilkoma w okolicy. Moim zdaniem powinno być ich minimum trzech. Upewnimy się też, że pracują dla różnych właścicieli. Czasami wszyscy dilerzy mają tego samego właściciela prowadzącego wspólną politykę cenową i żaden sprzedawca nie będzie chciał obniżyć ceny poniżej dozwolonego limitu. W takiej sytuacji należy nawet spróbować innego stanu.

Jeszcze jedna uwaga. Jeżeli porównujemy ceny u dilerów, a szczególnie w innych stanach porównujmy koszty całkowite. Powiedzmy dilerzy w New Jersey oferują niższą cenę za sam samochód niż w dilerzy w Nowym Jorku, ale ich koszt całkowity po doliczeniu wszystkich opłat i podatków może okazać się wyższy lub taki sam. Wtedy lepiej jest kupić samochód bliżej miejsca zamieszkania, oczywiście jeśli nasz najbliższy diler traktuje nas z właściwym szacunkiem.

Rozdział 4

Negocjacje

Na moment negocjacji u dilera powinniśmy być należycie przygotowani. Nie chcemy, aby sprzedawca, którego zadaniem jest jak największy zarobek w możliwie najkrótszym czasie, osiągnął swój cel, ani też stwierdziwszy, że jesteśmy zbyt wymagający, zrezygnował i odesłał nas do innego dilera. Nie ważne, czy nasz sprzedawca jest starym wygą, czy zupełnym nowicjuszem. Należy traktować go z szacunkiem i spokojnie doprowadzić go do tego, by sprzedaż była miła i korzystna dla wszystkich. Warto się zorganizować i mieć na przykład teczkę z materiałami dotyczącymi każdego rozważanego przez nas samochodu. Musimy wiedzieć przy negocjacji, jaki model samochodu nas interesuje, jaka wielkość silnika, rodzaj skrzyni biegów, kolor, standardowe wyposażenie, opcje i ich ceny, a także znać cenę sugerowaną przez producenta i koszt dilera.

Czasami będziemy zmuszeni zrezygnować z jakiejś opcji lub inną dodać. Wtedy znajomość cen będzie nieodzowna. Jeżeli potrzebujemy pożyczki, należy wiedzieć, jakie oprocentowanie możemy uzyskać z naszego banku czy unii kredytowej i na jak długi okres. Weźmiemy pożyczkę od dilera jedynie wtedy, kiedy zaoferuje nam lepsze warunki.

Widziałem sytuacje, kiedy klient wynegocjował cenę zakupu samochodu, przygotował się psychicznie na niskoprocentową pożyczkę sponsorowaną przez producenta, podpisał papiery i wypełnił podanie o pożyczkę. Po chwili sprzedawca powrócił i powiedział, że jest pewien drobny problem kredytowy w jego historii i będzie musiał omówić szczegóły z managerem finansowym. Tam uzyskuje informację, że nie kwalifikuje się do tego, by otrzymać pożyczkę fabryczną i że diler znajdzie mu najlepszą z możliwych pożyczek w innym banku, „bo przecież nam zależy na sprzedaniu samochodu". W tej sytuacji wielu klientów po prostu płynie z prądem i podpisuje papiery, ponosząc przy tym znacznie wyższe koszty niż normalnie. Mając swoją pożyczkę lub wiedząc jakie są bieżące oprocentowania pożyczek na samochody, spokojnie unikniemy tej pułapki.

W większości sprzedawcy i managerzy mają obsesję dotyczącą kontroli procesu sprzedaży i przez to kontroli klienta. Przejawia się to na wiele sposobów i choć czasami bywa śmieszne, jest uciążliwe i nie na miejscu. Bez względu na to, jak zachowuje się personel dilera, powinniśmy być uprzejmi i koncentrować się na interesach. Walka o nieistotne rzeczy może jedynie utrudnić nam zakup. Oczywiście, sami musicie Państwo zdecydować, gdzie znajduje się granica między uciążliwością a brakiem szacunku i impertynencją i kiedy należy miejsce bezpowrotnie opuścić.

Pracowałem na przykład u dilera, którego manager zmuszał wszystkich sprzedawców między innymi do zabierania klientów na próbną jazdę bez względu na to, czy klient tego chciał, czy nie. Jego presja i nieuzasadnione oskarżenia wobec sprzedawców sprawiały, że ci woleli czasami unikać klientów, których nie znali. W każdych okolicznościach najlepiej jest zachować spokój i bez pośpiechu odpowiadać na pytania po głębszym namyśle. Dobrze jest przyprowadzić na negocjacje kogoś, komu ufamy i kto pomoże nam wyłapać podchwytliwe pytania sprzedawcy i zachęci do opuszczenia miejsca, jeśli sytuacja będzie tego wymagała.

Nie polecam wszelkiego rodzaju podstępności. To na pewno zniechęci sprzedawcę czy jego managera do sprzedania nam samochodu taniej. Ubierajmy się naturalnie i bądźmy sobą. Uważajmy, aby nie znaleźć się w sytuacji, kiedy będziemy musieli spieszyć się w negocjacjach. Należy zjeść coś wcześniej, nie zabierać dzieci i unikać planowania jakichkolwiek spotkań w dniu wizyty u dilera. Jeżeli wypadnie nam coś stresującego tego dnia, to najlepiej jest przełożyć negocjacje na inny dzień.

Na początku wystarczy powiedzieć sprzedawcy, że znamy ceny dilera i szukamy najlepszej oferty. Jeśli powiemy, że mamy ceny od innych dilerów czy oferty z Internetu, sprzedawca będzie za wszelką cenę chciał wyciągnąć te informacje od nas. Lepiej jest poprosić go o podanie swojej najlepszej oferty. Większość managerów i tak będzie próbowała zacząć wysoko i sprawdzić, czy naprawdę odrobiliśmy nasze zadanie domowe. Jest absolutnie ważne, abyśmy znali ceny i mieli oferty z innych miejsc choćby po to, by rozpoznać dobrą ofertę konkretnego dilera. Czasami manager oferuje bardzo niską cenę, wiedząc, że pójdziemy do innego dilera, a ten będzie zmuszony zrezygnować z wszelkiego zysku, aby ją pobić. Często taki klient jeździ z miejsca na miejsce, tracąc czas i mając nadzieję, że następny sprzedawca wreszcie się zgodzi i sprzeda mu samochód za lepszą cenę, aby w końcu wrócić do pierwszego miejsca i usłyszeć, że oferta nie jest już aktualna. Znając ceny, możemy sprawdzić jego blef, zaakceptować jego ofertę i naprawdę tanio kupić samochód.

Wchodząc do dilera – podczas próbnej jazdy czy oglądania samochodu - należy starannie dobierać słowa i mało mówić. Nigdy nie należy podawać liczb i choćby ogólnie mówić, ile możemy zapłacić miesięcznie. *Wszystko co powiemy zostanie użyte przeciwko nam.* Sprzedawca użyje naszych własnych słów, aby doprowadzić do korzystnej dla dilera sprzedaży. Nie podawajmy im ważnych informacji na ochotnika, a nawet odpowiadając na wstępne pytania sprzedawcy. Powiedzmy krótko: *Porozmawiamy o tym w Pana biurze. Teraz skoncentrujmy się na jeździe próbnej.*

Dlatego nigdy nie używamy takich zwrotów, jak *mam nie najlepszy kredyt, płacę gotówką* itp. Przyjdzie na to czas. Najlepsza zasada to być uczciwym, zdecydowanym i bezpośrednim. Dobry sprzedawca postara się być taki sam.

Poznanie ceny dilera nie jest jednak złotym środkiem, ale jedynie jednym z narzędzi. Znając cenę dilera, jesteśmy zazwyczaj skłonni do zapłacenia niewiele ponad jego koszt. W praktyce może okazać się to niemożliwe, szczególnie przy nowszym lub rzadko spotykanym modelu. Może okazać się, że pojedziemy do dziesięciu dilerów i żaden nie będzie chciał sprzedać samochodu za oferowaną przez nas cenę. W takiej sytuacji lepiej jest pozwolić dilerom walczyć ze sobą i wybrać najlepszą ofertę, a taką nie zawsze jest najniższa cena. Dla mnie szacunek i rzetelność są ważniejsze niż najniższa oferowana cena.

Kupując samochód, musimy przejść przez wiele trudnych miejsc w negocjacjach. Sprzedawca będzie chciał zarobić pieniądze na każdym zakręcie tej trudnej drogi. Koncentrujmy się na każdym kroku i negocjujmy każdy element po kolei. Nie zgadzajmy się na przykład na dyskusję na temat opłat miesięcznych, włączając w nią kwestię ceny, odsprzedaży naszego starego samochodu czy oprocentowania. Stanowczo negocjujmy najpierw cenę sprzedaży, potem wysokość oprocentowania i opłat miesięcznych, a na końcu odsprzedaż naszego starego samochodu. Pozostawiajmy otwartą sprawę terminu kupna, ale najlepiej powiedzmy sprzedawcy, że będzie to wkrótce. Przypomnijmy mu też, że jeśli nie dojdziemy do porozumienia, to możemy tam nigdy nie wrócić.

W najgorszych miejscach po ustaleniu całkowitej ceny sprzedaży sprzedawca lub manager będzie próbował ponownie podbić cenę, mówiąc, że trzeba zapłacić podatki lub inne opłaty, i pytając, czy chcemy wliczyć to w miesięczne opłaty lub zapłacić na początku. Pamiętajmy, że to próba i jeśli się nie ugniemy, to pozostanie przy ustalonej cenie. Same oferty negocjacji zaczynają się zazwyczaj wysoko. Nie ważne, co mówi klient. Są to próby zarobienia na nieprzygotowanym nabywcy. U takich dilerów manager zazwyczaj wysyła na początku sprzedawcę, aby w razie czego go winić, a potem sam przychodzi na rozmowę z klientem i próbuje ratować sprzedaż.

Inną często spotykaną taktyką jest granie dobrego i złego faceta – sprzedawcy i managera. Sprzedawca udaje, że stoi po stronie klienta, I wyciąga od niego informacje i zobowiązanie do kupna, natomiast manager jest tym złym facetem, z którym oni muszą razem walczyć. Tacy managerowie nie pozwalają klientowi wyjść bez rozmowy z nimi. Powtarzają usłyszane od sprzedawcy własne słowa klienta i uderzają w jego najczulsze punkty. Nie dziwcie się Państwo, kiedy sprzedawca będzie stawał na głowie, abyście nie wychodzili przed rozmową z jego managerem. On jest do tego zmuszony przez swoich managerów i system sprzedaży u dilera.

Pierwszym celem takiego sprzedawcy jest skłonienie potencjalnego nabywcy do podjęcia decyzji. Usłyszycie prośby o podanie jakiejkolwiek oferty, nawet najbardziej szalonej. Kiedy powiecie np. 10,000 dolarów za nową toyotę Camry, to usłyszycie coś takiego: *Świetnie, jeśli przekonam mojego managera i to zrobi, to dzisiaj kupuje Pan/Pani samochód. Czyż nie tak?* Potem pójdzie do swojego managera i powie: *mam pierwsze zobowiązanie.* Wszystkie jego pytania będą tak konstruowane, abyście Państwo odpowiadali „*Tak*". Potem poprosi o wasze inicjały lub podpis pod jedną z takich niby - Waszych ofert. Następnie on i manager będą próbowali podbić cenę jak najwyżej i to wielokrotnie. Nieraz klienci są tak zmęczeni tymi wielogodzinnymi targami, że w końcu ulegają i kupują samochód. W takich miejscach należy przerwać zbędne targi i od razu negocjować z managerem albo po prostu pójść do następnego miejsca.

Kiedy sprzedawca powie: *to moja ostateczna oferta, jeśli weźmiecie Państwo samochód dzisiaj* albo *to moje ostatnie słowo i proszę się zdecydować*, to musimy się dobrze zastanowić. Pierwsza kwestia: czy to naprawdę dobra cena? Druga: czy jest to naprawdę samochód, który zaplanowaliśmy? Jeśli to nie jest model wyposażony tak, jak ustaliliśmy wcześniej, albo jego cena nie jest lepsza od cen proponowanych przez innych dilerów, to lepiej wyjść i zrobić dokładnie to samo u następnego dilera. Proszę pamiętać o niepodawaniu ceny, jaką nam oferowano, następnemu sprzedawcy. Lepiej sprawdzić jego podejście i nastawienie.

Jeśli chodzi o leasing, to proszę pamiętać, że programy są zazwyczaj inne i nie ma sensu ukrywać naszych zamiarów. Należy natomiast niezmiennie negocjować najpierw cenę, jak przy normalnym zakupie, a następnie liczbę mil, długość leasingu, odsprzedaż naszego starego samochodu i miesięczne opłaty, również krok po kroku. Nie należy w jakikolwiek sposób łączyć tych elementów. Sprzedawca zazwyczaj będzie chciał je połączyć i powie: *No dobrze, jeśli weźmiecie Państwo samochód dzisiaj, to zgadzam się na Wasze warunki. Dam Państwu cenę jakiej oczekujecie, ale musicie mi pomóc w tym mniej istotnym punkcie.* I zaproponuje miesięczne opłaty przy zabraniu naszego starego samochodu czy jakąś określoną przedpłatę unikając wdawania się w szczegóły. TAK SAMO JAK PRZY ZAKUPIE NEGOCJUJMY KAŻDY ELEMENT OSOBNO I PO KOLEI.

Kiedy odwiedzimy co najmniej pięciu dilerów i znajdziemy tego, który oferuje nam cenę zbliżoną do planowanej, należy wreszcie się zdecydować i uścisnąć sprzedawcy rękę. Niestety nie należy się odprężać. W realnym życiu może być inaczej. Może będziemy musieli zdecydować, czy chcemy kupić samochód daleko, ale za niższą cenę, czy też taniej w miejscu, gdzie nas źle traktowano, albo drożej, ale u miłego sprzedawcy, który traktował nas z szacunkiem. Oczywiście cały czas mówimy o tym samym podobnie wyposażonym modelu. Wszystkie te i inne opcje należy rozważyć spokojnie w domu.

Bardzo niechętnie wspominam klientów, którzy w tej grze negocjacji opanowani zostali przez manię kupienia samochodu całkowicie na swoich warunkach, szczególnie jeśli nie mieli tak naprawdę kompletnych informacji. Jeśli nie cenicie Państwo swojego czasu i wygody, a tym bardziej sprzedawców, to cena będzie dla Państwa najważniejsza. Nie oznacza to, że zrobicie przez to dobry interes. Więcej spokoju i zadowolenia da Państwu zakup dobrego samochodu za uczciwą cenę u rzetelnego sprzedawcy, nawet jeśli sama cena nie jest najniższa. **Walcząc o najniższą cenę możecie, spowodować, że nawet dobry sprzedawca nie udzieli wam dobrej rady co do samochodu lub nie powie wam o czymś, co może być ważne na dłuższą metę.** Oni dobrze wiedzą, na przykład jakie modele i z jakimi problemami trafiają najczęściej do serwisu. Sprzedawcy są wyczuleni, by traktować dilera jak własny dom, w którym to oni są gospodarzami. Traktujmy innych tak, jak chcemy, aby oni nas traktowali. Złota Zasada jest zawsze najlepszą strategią.

Jeśli odsprzedajemy dilerowi nasz samochód to dobrze jest przy naszych podróżach do kilku miejsc poprosić o wycenę naszego samochodu. Ta informacja będzie o wiele pożyteczniejsza niż sama wartość książkowa. **Proszę pamiętać, że cenę odsprzedaży starego samochodu należy negocjować równie starannie jak nowego. Lepiej jest negocjować najpierw cenę nowego samochodu, a potem naszego starego.** Nie ma sensu jednak ukrywać tego w nienaturalny sposób. Po sprawdzeniu na Internecie tak zwanej wartości *trade-in* dla naszego rejonu powinniśmy starać się osiągnąć podobną w negocjacjach. Pamiętajmy, że diler oferuje ceny hurtowe i używa innych źródeł wyceny.

Bardzo często przy nowszych czy droższych samochodach manager samochodów używanych, który zazwyczaj dokonuje wyceny, będzie dzwonił do swoich hurtowników, którzy są bardziej zorientowani w cenach na aukcjach, by sprawdzić, ile może uzyskać od nich w tym momencie, a następnie będzie oferował nam cenę znacznie niższą. Ceny książkowe są orientacyjnie używane przez managerów nowych samochodów, jeśli muszą dokonać wyceny, ale też starają się być bardzo ostrożni. Czasami oferują dobrą cenę za stary samochód, ale odbijają sobie wtedy na nowym. Tak naprawdę kilka ofert od managerów używanych samochodów będzie dla nas najlepszym źródłem informacji. Oczywiście ceny detaliczne w prasie czy u dilerów są znacznie wyższe i zawsze możemy sprzedać samochód na własną rękę prywatnej osobie.

Jedną z korzyści sprzedaży starego samochodu dilerowi przy równoczesnym zakupie nowego jest to, że wartość używanego samochodu zostaje odjęta od ceny nowego i dopiero od tej sumy płacimy podatek. Muszę jednak przyznać, że spotkałem się z dilerem, który usiłował liczyć podatek od całej sumy, by później zabrać tę różnicę dla siebie jako czysty zysk.

Klient w końcu ustąpił, kiedy sprzedawca i manager stanowczo twierdzili, że prawo się zmieniło i oni wiedzą lepiej. Radzę w takiej sytuacji pójść gdzie indziej. Pomocne w negocjacjach mogą być wydruki z innych źródeł takich jak Galves, Kelly's Blue Book, czy Edmund's odnoszące się do naszego samochodu. Sprzedawca może pokazywać nam podstawowe ceny w swojej książce bez uwzględnienia stanu samochodu czy ilości mil. Inną taktyką mającą nas zmęczyć są częste wizyty u managera, czy to samochodów używanych, czy nowych. Wtedy zawsze możemy bronić się, mówiąc, że jeżeli nie uzyskamy uczciwej ceny za stary samochód, to zrezygnujemy z zakupu nowego w tym miejscu.

Innym rozwiązaniem jest sprzedaż starego samochodu hurtowniom samochodów używanych, które jednak zapłacą cenę podobną do oferowanej przez dilera. Takim miejscem w Nowym Jorku jest na przykład CarCash. Wszystko zależy od rejonu i czasu, jaki mamy. Moim zdaniem najlepszymi opcjami są sprzedaż u dilera albo sprzedaż detaliczna prywatnej osobie.

Jeśli chodzi o zakupy samochodu przez Internet to w USA i tak musimy pojechać do lokalnego dilera i tam zakończyć negocjacje. Prawo wymaga, aby nowe samochody sprzedawane były jedynie przez licencjonowanych dilerów nowych samochodów. Firmy oferujące sprzedaż przez Internet mają po prostu umowy z lokalnymi dilerami i po podaniu przez nas kodu pocztowego kontaktują się z nimi w celu uzyskania ceny. Na końcu i tak musimy tam pojechać i dokończyć negocjacje w sprawie finansowania, sprzedaży starego samochodu, opcji i innych tego typu spraw. Jest to naprawdę świetne rozwiązanie na początkowym etapie procesu, jakim jest zakup samochodu. Warto to zrobić, aby wstępnie zorientować się w sprawie cen i dostępności wybranego przez nas modelu, ale nie po to, by uzyskać najlepszą cenę. Firma sprzedająca za pośrednictwem Internetu odeśle nas do tego dilera, który jej za to najlepiej płaci.

Korzystne jest to, że korzystając z Internetu, oszczędzamy czas, poznajemy ceny na szerszym rynku, przekonujemy się, czy samochód jest łatwo dostępny, i zachowujemy prywatność.

Najważniejsze jest zachowanie naszej strategii zmuszenia do współzawodnictwa dilerów i sprzedawców. Kupując przez Internet, rzadko kiedy będziemy mieli do czynienia z tym samym sprzedawcą, który faktycznie sprzeda nam samochód. Osoba odpowiedzialna za Internet u dilera to manager, którego zadaniem jest ściągnięcie klienta na miejsce i, przekazanie do działu sprzedaży. Mówię tutaj o sprzedaży detalicznej, a nie o działach sprzedających przedsiębiorstwom czy instytucjom. Marzeniem jest uzyskanie wszystkich informacji dotyczących ceny. Jeśli ktoś odpowie grzecznie i szybko, podając cenę naszego modelu i dodatkowe koszty, takie jak opłaty manipulacyjne, przesyłkowe, świadczy to, że mamy do czynienia z naprawdę profesjonalną obsługą.

Najczęściej wszystko będzie przedstawione najogólniej z prośbą o podanie telefonu i przybycie na miejsce. Często powtarzającą się odpowiedzią będzie: *Pobiję każdą cenę, jaką dostaniecie gdzie indziej. Zadzwońcie proszę do innych dilerów, a potem przyjedźcie albo zadzwońcie do mnie.* Inna często odpowiedź to: *Proszę mi powiedzieć, jaka jest według Państwa uczciwa cena czy zysk. Ja jestem gotowy zrobić wszystko.* Jeszcze inna: *Nie podajemy najlepszych cen przez telefon. Taką mamy procedurę, ale proszę przyjechać, a zrobicie Państwo najlepszy interes w mieście.*

Jeśli zaczniemy otrzymywać wiele telefonów mających pod różnorodnymi pretekstami zwabić nas na miejsce, jest to ostrzeżenie, aby być bardzo ostrożnym. Przy pozyskiwaniu przez telefon informacji na temat cen powinniśmy śmiało pytać o najlepszą cenę oferowaną przez danego dilera, aż dojdziemy do kilku najlepszych miejsc.

Przed wybraniem się, jeszcze raz sprawdźmy ceny upewniając się, że nie ma dodatkowych opłat, że mają dokładnie ten samochód o jaki pytaliśmy i powiedzmy sprzedawcy, że nie chcemy żadnych niespodzianek po przyjeździe do dilera.

Jeszcze raz przypominam, że prawie nigdy nie uzyskamy najlepszej ceny przez Internet czy telefon.

Jeżeli decydujemy się na zakup przez Internet, to powinniśmy zadzwonić co najmniej do 5 – 6 dilerów, w tym jednego położonego w dalszej odległości. **Należy się upewnić, że nie należą do tego samego właściciela i nie mają wspólnej polityki cenowej.** To jest również niezmiernie ważne przy osobistych wyjazdach do dilerów na naszej liście. Po przedarciu się przez automatyczne sekretarki należy kontaktować się z managerem zajmującym się sprzedażą firmom (*fleet manager*) czy managerem działu sprzedaży (*sales manager*). Należy mu powiedzieć, że w ciągu kilku dni dokonamy zakupu konkretnego modelu, mamy listę dilerów i teraz sprawdzamy, kto zaoferuje nam najlepsze warunki. Jeszcze raz powtarzam, nasza strategia polega na zmuszeniu ich do współzawodnictwa, do udziału w naszym prywatnym przetargu, gdzie wszyscy mają równe prawa i działają na tych samych warunkach.

Musimy jasno powiedzieć, że jeśli nie wezmą w nim udziału i nie podadzą najlepszej ceny, to nie mają szansy na zrobienie z nami interesu. Musimy być twardzi, systematyczni i profesjonalni. Najlepsi dilerzy to uszanują i postarają się ubić z nami interes.

Oto przykładowa rozmowa:

Mam zamiar kupić w ciągu kilku dni toyotę Camry LE i sporządziłem sobie listę dilerów w okolicy i kilku nieco dalej. Dobrze się przygotowałem i znam orientacyjne ceny dilera. Ostateczne opcje i pakiety nie są obecnie najważniejsze. Teraz dzwonię do dilerów na mojej liście i sprawdzam, ile powyżej czy poniżej oficjalnych kosztów (factory invoice) każdy z nich mi zaoferuje. Oczekuję, że będę mógł wybrać każdy samochód, jaki macie na stanie, za cenę uwzględniającą zysk czy obniżkę, jaką mi Pan/Pani teraz podaje.

Mam zamiar dzwonić do każdego tylko raz i wszystkim dać równe szanse, nie podając ceny poprzedników. Nie chcę marnować nikomu czasu i przejść możliwie najszybciej do złożenia zamówienia. Rozumiem, że przy zakupie pokażecie mi wydruk kosztów (invoice) samochodu, na który się zdecyduję.

Proszę też udzielić mi teraz informacji na temat opłat i kosztów, które nie są uwzględnione na tym wydruku (invoice). Czy pobieracie opłaty za przygotowanie dokumentów (doc. Fee), reklamę lub inne podobne sprawy? Ile dokładnie one wynoszą? Czy są jakieś dodatki dilera, za które muszę zapłacić.

Jeszcze kilka krótkich pytań na zakończenie. Czy na ten samochód jest obecnie rabat fabryczny? Ile on wynosi? Proszę go nie uwzględniać, podając mi cenę. Rozumiem, że rabat otrzymam jako dodatkowy upust na końcu.

Ostatnia rzecz: jeśli nie będziecie mieli samochodu na stanie, to czy możecie go ściągnąć od innego dilera lub portu? Czy doliczycie mi za to dodatkową opłatę? Ile?

Świetnie, proszę podać mi teraz upust, jaki mi Państwo dacie.

Potem należy wszystko krótko podsumować i powtórzyć jego cenę.

Dobrze, Brian, jeśli wszystko zrozumiałem, zobowiązujecie się sprzedać mi toyotę Camry LE za 200$ ponad invoice i uwzględnić rabat fabryczny wynoszący obecnie 1000$, a z dodatkowych opłat zapłacę jedynie 50$ doc. fee i oczywiście podatki. Czy dobrze to zrozumiałem? Dziękuję bardzo, jeżeli wasza oferta jest najlepsza, to spotkamy się jeszcze w tym tygodniu. Do zobaczenia.

Należy koniecznie rozmawiać z managerem (przede wszystkim *fleet* lub ostatecznie *sales*) i zapamiętać, jak się nazywa.

Praca tak zwanego *fleet managera* wymaga nieco szerszego omówienia. Wiąże się z nią trzecia możliwość kupna samochodu nie zawsze zapewniająca kupującym sukces. Nie u każdego dilera znajdziecie Państwo *fleet department*, ale u każdego znajduje się osoba, lub osoby, odpowiedzialna za sprzedaż hurtową. Firmy leasingowe, banki, wypożyczalnie samochodów, firmy farmaceutyczne, brokerzy, firmy internetowe i inne duże przedsiębiorstwa kupujące czasami setki samochodów na raz są najlepszymi klientami tego działu dilera. *Fleet manager* odpowiedzialny jest za sprzedaż innym firmom, ale w dzisiejszych czasach coraz częściej gotowy jest sprzedać indywidualnym klientom samochód za hurtową cenę. Trzeba się właściwie przygotować, aby go do tego skłonić.

Oto kilka powodów, dla których warto się do tego przyłożyć. *Fleet manager* sprzedaje duże ilości samochodów i ma przez to większe oszczędności. Ma inny typ rozliczenia finansowego, np. zazwyczaj płaci mu się od pieniędzy *holdback*. Załatwia się z nim wszystko omijając dział sprzedaży i managera finansowego, oszczędzając na tym czas i unikając stresu. Zwykle znakomicie zna się na produktach i ma możliwości lokalizacji każdego samochodu. Często bez zbędnych formalności udzieli przez telefon informacji na temat ceny hurtowej i warunków zakupu.

Dziwicie się Państwo, dlaczego większość ludzi nie kupuje od nich samochodów? Powody są prozaiczne. W zwykłej sprzedaży detalicznej zarabia się znacznie więcej pieniędzy. Dilerzy robią wszystko, aby detaliczni nabywcy nie omijali działu sprzedaży, i nawet wielu sprzedawców nie zdaje sobie sprawy, co się dzieje za zamkniętymi drzwiami *fleet managera*. W jaki sposób można kupić u niego pojedynczy samochód?

Musicie Państwo już wcześniej zrobić wszystko, o czym mówiliśmy poprzednio, i wiedzieć, jakiego dokładnie samochodu potrzebujecie. Będziecie tak naprawdę zamawiać samochód, a nie marnować jego czas, zastanawiając się nad kolorem, opcjami czy dzieląc się innymi rozmyślaniami na temat motoryzacji. On bardzo ceni sobie swój czas. Liczba sprzedanych samochodów ma dla niego podstawowe znaczenie.

Musicie się Państwo dowiedzieć, jak ma na imię *fleet manager,r* i dotrzeć do niego bezpośrednio. Za wszelką cenę unikajcie rozmowy ze sprzedawcą, czy to przez telefon, czy osobiście po przybyciu na miejsce. Najlepiej zadzwonić do dilera i stanowczo poprosić o imię *fleet managera* i jego bezpośredni telefon bez wdawania się w dyskusję. Po umówieniu się na spotkanie idziecie bezpośrednio do niego bez zatrzymywania się po drodze. Mówicie mu, jakiego dokładnie samochodu potrzebujecie, że kupujecie go w tym tygodniu i jak poprzednio negocjujecie najlepszą cenę. Jeśli samochodu nie ma na stanie, na pewno może go zlokalizować i ściągnąć. Oczywiście sprawdzacie jego ofertę u innego dilera. Konkurencja jest najlepszą gwarancją dobrego zakupu.

Rozdział 5

Zawarcie umowy

- Panie Ryszardzie, co Pan narobił? Ojciec chce przyjechać i oddać wam samochód. Po prostu przyjedzie i zostawi go, jeśli nie dostanie pieniędzy z powrotem.

- Panie Janku, spokojnie. Niech mi Pan opowie co się stało.

- Chcę, aby Pan dał nam kontrakty do każdego samochodu.

- Wzięliście samochody bez otrzymania kontraktu?

- Ufaliśmy Panu. Pana manager finansowy powiedział, że nie może nam teraz niczego dać.

- Podpisaliście papiery, ale nie otrzymaliście kopii?

- Wasz manager powiedział, że musi załatwić nam pożyczkę i wtedy da nam kontrakt

- Proszę przyjechać, będę miał kopie kontraktów.

Następnego dnia.

- Zapłaciliśmy o ponad siedem tysięcy dolarów więcej od samochodu niż Pan nam mówił

- Proszę mi powiedzieć, czy czytaliście albo zapytaliście tego pana przed podpisaniem, co tam jest napisane.

- Nie, on powiedział, żeby podpisać tu i tu, i tu. Kto by czytał tyle papierów?

- Pamięta Pan, że prosiłem was, aby nie kupować niczego, czego nie potrzebujecie, i uważnie przeczytać wszystko przed podpisaniem. No cóż, musimy zwrócić się

teraz do głównego managera albo właściciela firmy.
Proszę o cierpliwość.

Dwóch bardzo miłych Panów, którzy zaufali mi przy zakupie dwóch samochodów, po odejściu od mojego stolika zostało zabranych przez nieuczciwego managera finansowego. Szybko zapomnieli, co im powiedziałem o ostrożności i niekupowaniu niczego, co nie jest im potrzebne. Nie dziwi to, jeśli się weźmie pod uwagę wysokie napięcie emocjonalne związane z negocjacjami i zakupem samochodu. Po wielu bojach i po próbach wkroczenia na drogę sądową odzyskali pieniądze. Wydarzyło się to u dilera w New Jersey, u którego właśnie zacząłem pracę, i w ten sposób przekonywałem się, jak bardzo nieuczciwe jest to miejsce. Robiono tam wszystko, aby zarobić pieniądze z tak zwanego tyłu (na produktach sprzedawanych przez managera finansowego), i standardowo zachęcano sprzedawców i managerów finansowych do niewydawania kopii umów sprzedaży i kontraktów. Wydawano je tylko, jeśli klient nalegał i żądał otrzymania kopii. Ta sytuacja ilustruje następny bardzo ważny etap zakupu nowego samochodu.

Znaleźliśmy już odpowiednio wyposażony samochód, mamy dobrą cenę, sprzedajemy nasz stary samochód dilerowi. Myślimy, że wreszcie możemy się zrelaksować. Wręcz przeciwnie. Diler właśnie teraz będzie próbował zarobić na nas dodatkowe pieniądze. Tak zwany *business czy finanse manager* jest po prostu innego rodzaju sprzedawcą, któremu płaci się od tego, co sprzeda zrelaksowanemu po negocjacjach i wreszcie przyjaźnie nastawionemu klientowi. Zanim nawet podpiszemy pierwszy kontrakt sprzedaży z naszym bezpośrednim sprzedawcą (tak zwany *buyers order*) i zostawimy zadatek, uważnie wszystko sprawdźmy i policzmy na naszym kalkulatorze. Sprzedawcy czasami się mylą, ale częściej system jest tak skonstruowany, że na kontrakcie pojawiają się dodatkowe opłaty, o których się po prostu nie mówi, i kiedy klient o nie zapyta, sprzedawca zazwyczaj powie: *To są stałe opłaty i wszyscy je płacą. Widzicie Państwo, że jest to wydrukowane. Tego się nie da uniknąć.*

W salonach, w których sprzedawca często musi odchodzić po instrukcje do swojego managera i czasami pozwala nam wstać od stołu, udając, że to koniec negocjacji, czujemy się bardzo zmęczeni. Tam właśnie sprzedawca będzie pierwszą osobą próbującą namówić nas na kosztowne dodatki i szybkie decyzje. Jeśli nie zauważymy niekorzystnego dla klienta paragrafu w umowie czy umieszczonych tam dodatkowych opłat, trudno się będzie nam z tego wycofać. Czasami, aby przyspieszyć decyzję, sprzedawca powie, że to tylko wstępna umowa, a ostateczny kontrakt podpiszemy z naszym managerem finansowym, który omówi również sprawy rejestracji pojazdu. Dopóki nie wyjedziemy od dilera nowym samochodem, zachowajmy spokój i postępujmy krok po kroku.

Omówmy teraz kilka terminów, z którymi możecie się Państwo spotkać przy kupnie samochodu, szczególnie w biurze tak zwanego managera F&I (*Finance and Insurance*), nazywanego też managerem finansowym czy biznesowym.

Destination charge: To opłata narzucona przez producenta, mająca na celu pokrycie kosztów transportu samochodu z fabryki do dilera. Jest ona jednakowa dla wszystkich samochodów i pokazana w oknie samochodu na tak zwanym *window sticker*. Oczywiście, powinniśmy ją zapłacić, chociaż wielu dilerów po prostu z niej rezygnuje, aby pozyskać klienta. Jeśli diler umieści dodatkowe informacje na samochodzie i zechce podnieść tę opłatę lub pod inną nazwą zmusić nas do zapłacenia za dostarczenie samochodu (*delivery*) powinniśmy odmówić zapłacenia takiej zawyżonej kwoty.

Documentation fee: Najciekawsza forma pozyskania dodatkowej kwoty od klienta. Ma ona na celu pokrycie kosztów tak zwanej „papierkowej roboty". Ma to pewne uzasadnienie, ponieważ wiąże się z rzeczywistymi kosztami udokumentowania sprzedaży i zarejestrowania samochodu. Niektóre stany ograniczają te opłaty, w innych dilerzy robią, co chcą.

Spotykałem się z opłatami wynoszącymi od 10 do 300 dolarów, a słyszałem o 500 dolarach i więcej. Suma wynosząca około 50 – 75 dolarów jest usprawiedliwiona, a wszystko powyżej tej kwoty to czysty zysk dla dilera.

Niektórzy, aby jeszcze bardziej sprawy zagmatwać i zarobić więcej pieniędzy, podają opłaty osobno. Możemy wtedy zobaczyć na jednym kontrakcie sprzedaży np. *Registaration/Title fee* (opłata za rejestrację/tytuł własności), *Service Fee For Obtaining Title, Registration And License Plates* (opłata serwisowa za pozyskanie tytułu własności, rejestracji i tablic rejestracyjnych), *Data Processing/Clerical Fee* (przetwarzanie danych/opłata biurowa), *Credit Bureau Inquiry Fee"* (opłata za sprawdzenie raportu kredytowego), a każda opłata wynosi od kilkudziesięciu do kilkuset dolarów.

Title and Registration Fee: Przy zakupie samochodu od dilera nie musimy fatygować się do stanowego wydziału komunikacji (*Department of Motor Vehicles* - DMV), ponieważ diler zazwyczaj załatwia za nas rejestrację i uzyskanie dowodu własności. Oczywiście stan pobiera opłaty i diler po prostu przerzuca je na nas. Może nam również wystawić tymczasowe dokumenty czy tablice rejestracyjne. Jeżeli kupujemy samochód w innym stanie, diler powinien również załatwić rejestrację, ale już nie inspekcję samochodu. Powinniśmy to zrobić w stanie, w którym rejestrujemy pojazd. Przy zmianie starego samochodu na nowy tańsze będzie przerzucenie tablic niż wykupienie nowych. Powinniśmy zadzwonić lub sprawdzić w Internecie, ile wynoszą nasze stanowe opłaty za rejestrację, tablice czy dowód własności. Nie są to wielkie sumy, ale nierzetelny diler będzie chciał zarobić nawet na tym, np. doliczając nowe tablice przy zamianie starych. Opłaty stanowe plus *doc fee* poniżej 100 dolarów są na miejscu i powinniśmy to uiścić, natomiast próby zarobienia większych sum powinny nas odstraszyć od zakupu u takiego dilera

Sales tax: Podatki płacimy w tym stanie, w którym mieszkamy i rejestrujemy samochód. Nie płacimy ich tam, gdzie samochód kupujemy, jeżeli jest to inny stan. Diler zazwyczaj pobiera i odprowadza podatki za nas przy załatwianiu nam rejestracji. Jeżeli planujemy przeprowadzkę do innego stanu wkrótce po zakupie samochodu to możemy uzyskać tymczasową rejestrację w stanie, w którym kupujemy auto. Zazwyczaj rejestracja taka jest ważna przez 30 dni. Po zarejestrowaniu samochodu na stałe w nowym miejscu i zapłaceniu tam podatku zwracamy się do odpowiedniej instytucji mającej siedzibę w stanie, w którym poprzednio mieszkaliśmy, o zwrot zapłaconego podatku.

Advertising fee: Producenci pobierają opłaty od dilerów za prowadzone przez siebie reklamy. Sami dilerzy również prowadzą regionalną działalność reklamową i często każą za nią płacić swoim klientom. Sprawdźmy dobrze kontrakt i upewnijmy się, czy takiej opłaty nie ma. Na wszystko musimy się zgodzić.

To wszystko powinniśmy załatwić z naszym sprzedawcą, który po ostatecznych negocjacjach ceny podpisuje z nami kontrakt wstępny (tzw. *buyers order)*. Następuje rozluźnienie i wydaje nam się, że najgorsze mamy za sobą. Uważam, że jest wręcz przeciwnie. Po pierwsze, upewnijmy się, czy sprzedawca da nam kopię tego wstępnego kontraktu. Powinniśmy pamiętać, że mamy prawo do kopii wszystkich podpisywanych przez nas dokumentów.

Pracowałem u dilera w polskiej okolicy, którego managerowie robili wszystko, by sprzedawcy i managerowie finansowi nie dawali kopii dokumentów swoim klientom przed ostatecznym odebraniem samochodu. Obawiali się przede wszystkim, że klient pojedzie do innego dilera, który da mu znacznie niższą cenę i lepsze warunki, a ten po prostu zrezygnuje z zakupu. Po drugie, obawiano się, że ktoś lepiej zorientowany w rodzinie lub gronie przyjaciół kupującego zwróci uwagę na pewne szczegóły, a klient będzie kontynuował negocjacje i zmusi dilera do rezygnacji z części zysku. Jeśli spotkacie się Państwo z czymś takim, to pamiętajcie, że prawo jest po waszej stronie, i dobrze się zastanówcie, czy chcecie, aby tacy dilerzy istnieli na rynku.

Jeśli wszystko jest dobrze, to sprzedawca „przekazuje" nas managerowi finansowemu (F&I). Ten będzie ustalał ostateczne warunki naszej pożyczki czy leasingu, podpisywał końcowy kontrakt i prosił nas o podpisanie wielu innych dokumentów, próbując przede wszystkim sprzedać nam inne kosztowne produkty, takie jak ubezpieczenia, gwarancje, wypożyczanie samochodów, systemy rozrywki, nawigacje (jeżeli nie jest zainstalowana fabrycznie) i inne tego typu rzeczy.

Dealer financing: Jeżeli decydujemy się na pożyczkę przez dilera, to ten będzie się starał wysondować, jakiego oprocentowania oczekujemy, i jeśli to możliwe, zarobić jak najwięcej. Manager finansowy ma płacone komisowe od uzyskanego na nas zysku. Lepiej przed pójściem do dilera sprawdzić w naszym banku czy unii kredytowej, jakie oprocentowanie możemy tam uzyskać, i dopiero tak uzbrojeni możemy zasiąść z nim do stołu negocjacyjnego. Polecam również, jeśli czas pozwoli, ustalenie warunków finansowych u innych dilerów. Z pewnością najlepiej jest wziąć zerową lub niskoprocentową pożyczkę producenta albo subwencjonowany leasing. Jeśli takich programów nie ma, to informacje z własnego banku będą dla nas bezcenne.

Innym problemem, z jakim możemy się wtedy spotkać jest wybór między fabrycznym rabatem a niskoprocentową pożyczką. Producent zazwyczaj nie pozwala łączyć obu promocji. W takim wypadku potrzebny jest kalkulator i policzenie, czy oszczędności wynikające z oprocentowania są większe w ostatecznym rozrachunku od rabatu.

Od wynegocjowanej ceny odejmujemy wartość naszego starego samochodu, wszelkie dostępne rabaty i ustalamy nasze miesięczne opłaty przy udzielonym nam oprocentowaniu. Następnie mnożymy miesięczne opłaty przez liczbę miesięcy i porównujemy obie sumy.

Na przykład: cena nowego samochodu to 20,000 dolarów minus 5,000 dolarów - cena starego samochodu. Biorąc nieoprocentowaną pożyczkę na 36 miesięcy, będziemy płacić 416.67 miesięcznie bez podatku. Jeżeli ten sam samochód ma rabat 5,000 dolarów przy zakupie gotówkowym, to będziemy musieli pożyczyć 10,000 dolarów przez dilera lub w naszym banku. Jeżeli uzyskamy oprocentowanie w wysokości 8.5%, to nasze miesięczne opłaty będą wynosić 315.68 dolarów, a w sumie 11,364.48 dolarów. Jak widać na tym bardzo uproszczonym przykładzie, rabat zaoszczędziłby nam 3635.52 dolarów. Decydując się na rabat, musimy pamiętać, że trzeba od niego zapłacić podatek, ale w tym przypadku i tak jest to znacznie lepsze rozwiązanie. W dodatku umieściłem tabelkę z oprocentowaniem, pozwalającą obliczyć miesięczne opłaty.

Extended warranty: Przedłużona gwarancja to według mnie problematyczna sprawa. Z jednej strony oferuje nam spokój na wypadek większej usterki, a z drugiej jest niezmiernie rzadko używana i prawie zawsze przepłacona. Różne źródła podają, że ponad połowa tych, którzy wykupili przedłużone gwarancje, zapłaciła za nie więcej, niż wydałaby na naprawy w tym czasie. Zwróciły się one mniej niż 20 procentom klientów. Należy pamiętać, że gwarancje fabryczne w USA pokrywają minimum 3 lata i 36,000 mil. Samochody luksusowe mają zazwyczaj gwarancje na 4 lata i 50,000 mil. Wynika z tego następny problem. Dlaczego kupować coś, czego będziemy ewentualnie potrzebować za kilka lat? Przedłużoną gwarancję możemy kupić przez cały okres podstawowej gwarancji fabrycznej i niekoniecznie u dilera.

Inną kwestią jest fakt, że gwarancje te nie są regulowane w takim stopniu jak np. ubezpieczenia. Należy sprawdzić, co gwarancja dokładnie pokrywa. Większość umów wyklucza pokrycie tak zwanego normalnego zużycia. Należy do tego wymiana wkładek hamulcowych, filtrów, elementów układu wydechowego. Bardzo często wykluczone zostają również elementy elektryczne, takie jak elektrycznie otwierane okna, wskaźniki, radia czy klimatyzacja.

Zwróćmy uwagę, czy umowa pokrywa holowanie samochodu (*towing*) i wynajem samochodu zastępczego (*car rental*). Ogromnie ważne jest zwrócenie uwagi na to, jak wielkie jest odliczenie (*deductible*). Za każdą naprawę możemy być zmuszeni zapłacić nawet 100 dolarów, a dopiero potem umowa pokrywa dalsze koszty. Trzeba też sprawdzić, czy musimy dokonywać napraw u dilera, z którym podpisujemy umowę, czy w dowolnym profesjonalnym zakładzie naprawczym. Jeśli w zakładzie, to należy zapytać, w jaki sposób zakład ma płacone. Niestety, niektóre warsztaty wolą odebrać pieniądze od klienta, niż męczyć się, odzyskując pieniądze od firmy sprzedającej przedłużone gwarancje. Zbyt wiele z nich bankrutuje, nie płacąc rachunków. Najbezpieczniejsze są kontrakty w kooperacji z producentem. Diler ma jednak prawo ustalać ceny umów w miarę dowolnie, a managerowie finansowi mają z tego bardzo wysokie komisyjne.

Innym niebezpieczeństwem może być sam kontrakt. Bywa bardzo skomplikowany i faktycznie gwarancja nie pokrywa wszystkich napraw nieraz z błahych powodów. Faktem jest, że współczesne samochody prawie wcale się nie psują przez pierwsze 5 lat, a przy właściwym traktowaniu znacznie dłużej. Niestety, spotykałem nierzetelnych pracowników dilera, którzy dla zysku nie wahali się kłamać i sprzedawali wydłużone gwarancje klientom, którzy nie będą ich potrzebowali, ponieważ wymieniają samochody co kilka lat. Oczywiście, jeśli bierzemy samochód w leasing na 3 lata, to z pewnością nie potrzebujemy przedłużonej gwarancji. Ważne jest również, aby pamiętać, że jeśli decydujemy się na przedłużoną gwarancję w momencie kupna samochodu, który finansujemy, to będziemy musieli płacić od tego oprocentowanie przez cały okres gwarancji fabrycznej.

Jedynym uzasadnionym przypadkiem zakupu przedłużonej gwarancji jest kupno samochodu o wiadomym problematycznym statucie. Jednak nawet wtedy należy starannie przeczytać kontrakt i zawsze twardo negocjować warunki. Proszę pamiętać, że diler może mieć nawet stuprocentowy zysk na przedłużonej gwarancji i ma duży margines na negocjacje marży. Zawsze zachowujmy wszystkie rachunki i dowody pracy mechanika. Upewnijmy się także, czy w wypadku sprzedaży samochodu wcześniej gwarancja taka zostanie przeniesiona na nowego właściciela.

Innym produktem sprzedawanym przez managera F&I są ubezpieczenia i dodatkowe wyposażenie.

Spotkamy się z między innymi z takimi pojęciami.

GAP Insurance: Ubezpieczenie to pokrywa różnicę między opłatami poniesionymi w trakcie trwania leasingu a wartością samochodu w wypadku jego kradzieży lub całkowitego zniszczenia. Uważam, że jest ono niezbędne przy leasingu samochodu. Większość kontraktów leasingowych podpisywanych obecnie zawiera już ubezpieczenie GAP w naszych opłatach miesięcznych. Jeśli tak nie jest, to dowiedzmy się, czy możemy dostać je taniej gdzie indziej.

Credit Life Insurance: Gwarantuje, że spadkobiercy będą w stanie spłacać samochód w wypadku śmierci właściciela. Jeśli mamy już ubezpieczenie na życie, to nawet niewielkie opłaty miesięczne nie mają sensu. Pamiętajmy, że to ubezpieczenie nie jest obowiązkowe - wbrew temu, co mówią niektórzy dilerzy - i zawsze możemy odmówić jego zakupu.

Disability Insurance: Większość ma już to ubezpieczenie u swojego pracodawcy, a jeśli nie - to możemy je zakupić taniej gdzie indziej. Jest ono naprawdę ważne dla głównego żywiciela rodziny.

Dodatki mogą być bardzo różne. Niektóre mogą być uzasadnione, inne zbędne. Oto kilka przykładów tych drugich.

Lo-jack to najpopularniejszy system ustalania pozycji skradzionego samochodu, mający pomóc policji w dotarciu do pojazdu, zanim zostanie rozebrany na części i sprzedany. Możemy kupić podobne urządzenia i systemy dużo taniej w wyspecjalizowanych sklepach. Podobnie ma się sytuacja z systemami alarmowymi i zabezpieczającymi. Argumentem dilera jest oszczędność na ubezpieczeniu. To prawda, ale zaoszczędzona kwota jest niższa niż cena tego urządzenia u dilera. Jeżeli decydujemy się na coś takiego przy zakupie nowego samochodu, to musimy się upewnić, że taka modyfikacja nie przekreśli naszej gwarancji fabrycznej. Warto na pewno kupić blokady na koła (*wheel locks*).

Window etching: Czasami nazywany też *VIN etching*. Polega na wypaleniu w każdym oknie samochodu numeru identyfikacyjnego (powinien być to numer VIN) dla odstraszenia od jego kradzieży. Niektóre stany wymagają, aby diler oferował tę usługę klientom, ale klient ma zawsze prawo odmówić. *Window etching* u dilera może kosztować nawet kilkaset dolarów, a przecież możemy go wykonać za mniej niż dwadzieścia po wizycie w sklepie z częściami samochodowymi. Dilerzy często drukują tę opcję na kontrakcie próbując wymóc zapłatę na kliencie. Bardziej przebiegli zmieniają nazwę np. *Theft Avert* i umieszczają terminy sugerujące ubezpieczenie. Nie warto brać!

Inne popularne opcje to środki ochraniające farbę (*paint sealant*), szyby czy tapicerkę. O wiele lepsza jest wizyta w sklepie z częściami samochodowymi.

Konserwacja podwozia (*undercoating – rustproofing*) to następny sposób zdobycia łatwych pieniędzy na łatwowiernym kliencie. Nowe współczesne samochody są znakomicie zabezpieczone. Niektórzy producenci wręcz zabraniają konserwacji podwozia, ponieważ zatkanie otworów odpływowych może się właśnie przyczynić do rdzewienia karoserii. Zabieg ten jest po prostu zbędny.

Sprawą gustu jest na przykład malowanie pasków (*pinstriping*) na nowym samochodzie. Jest to oczywiście świetny zarobek dla dilera. *Pinstriping* można dużo taniej zrobić gdzie indziej. Zazwyczaj takie rzeczy kosztują dilera nie więcej niż 50 dolarów.

Niektórzy dilerzy będą usiłowali doliczyć Państwu koszty przygotowania samochodu do sprzedaży. Proszę się na to nie zgadzać. Większość producentów płaci dilerom za usunięcie plastików, środków chroniących podczas transportu i przygotowanie samochodu.

Jeżeli decydujemy się na zakup „gorącego" na rynku modelu, musimy być przygotowani na to, że diler zażyczy sobie wyższej ceny, czasami tysiące dolarów ponad cenę producenta (*MSRP*). Jeżeli nie chcemy tak dużo zapłacić, to – niestety - musimy poczekać, aż ewentualnie samochód stanieje.

Sprawy dodatkowego wyposażenia takiego jak spoilery, malowane pasy, nawigacja, koła itp. są osobistym wyborem. Proszę jedynie pamiętać, że możemy je zazwyczaj zainstalować taniej w specjalistycznych zakładach czy kupić w sklepach samochodowych. Nie polecam żadnych zmian w samochodach, które bierzemy w leasing. Za wszelkie zmiany będziemy musieli zapłacić na końcu dodatkowo, odinstalować je albo zostawić zainstalowane wyposażenie dla kogoś innego. Jeżeli nas na to stać i da nam to zadowolenie, jak najbardziej polecam. Proszę wcześniej udać się do prywatnego zakładu i zapytać o ceny. Wtedy zdecydujemy, gdzie usługę wykonamy, a na pewno pomoże nam to w negocjacjach. Będziemy wiedzieć, czy robimy dobry interes.

Rozdział 6

Sprzedanie starego samochodu

Wspominałem już o sprzedaży starego samochodu u dilera. Rozważmy ten temat nieco głębiej. Podniecenie czy zmęczenie mogą sprawić, że wszystkie ciężko wywalczone dolary możemy, stracić sprzedając nasz stary samochód poniżej jego rzeczywistej wartości. To, jak stary samochód zwracamy, ma ogromne znaczenie. Jeżeli jest on rzeczywiście wiekowy lub w złym stanie, to naprawdę nie musimy się martwić, bo opcja zwrotu samochodu u dilera jest najwygodniejsza, bez względu na cenę. Z drugiej strony, jeśli jest to samochód w lepszym stanie i w miarę nowy, to warto się zastanowić, czy nie sprzedać go samemu. Przyzwyczailiśmy się w USA, że za wygodę przy pozbywaniu się starego samochodu warto zapłacić. Jaka jednak cena ma sens ekonomiczny? Samochód jest tyle wart, ile ktoś jest gotowy zapłacić. Kontynuując rozważania, będę mówił o cenach hurtowych u dilera i cenach detalicznych na wolnym rynku. W obu przypadkach ceny te zależą od wieku samochodu, liczby mil, stanu technicznego i wizualnego, poziomu wyposażenia czy rejonu rejestracji.

Zarówno firmy ubezpieczeniowe, dilerzy, jak i prywatni właściciele używają tak zwanych wartości książkowych. Faktem jest, że korzystają z różnych książek, ale orientacyjnie możemy poznać przybliżone ceny na stronach internetowych, zamawiając aktualne książki czy płacąc za aktualne raporty. Klientom indywidualnym wystarczy poznanie cen książkowych oferowanych w Internecie przez KBB (Kelly Blue Book www.kbb.com), czy Edmunds (www.edmunds.com). Im dokładniej podamy dane dotyczące naszego samochodu, tym dokładniejsze wartości uzyskamy. Obie te strony wydają się nieco zawyżać ceny, ale w niewielkim stopniu. Różnią się też dokładnością w zależności od rejonu. Podają one zarówno ceny hurtowe (*trade-in*), jak i detaliczne.

Cena detaliczna jest oczywiście wyższa. Możemy się jej spodziewać przy zakupie samochodu u dilera, a rzadziej od prywatnego właściciela. Orientacyjnie możemy przyjąć, że za nieco mniej sprzedamy samochód prywatnie.

Cena hurtowa to wartość samochodu dla dilera i hurtowników sprzedających na aukcjach. To cena, jakiej możemy się spodziewać, sprzedając samochód dilerowi. Różnica jest znaczna, ponieważ diler musi nie tylko samochód przygotować i naprawić przed sprzedażą detaliczną, ale przede wszystkim musi zarobić. Większość dilerów nie będzie chciała zapłacić ceny książkowej, wskazując na wszystkie braki i niedociągnięcia w samochodzie.

W praktyce wygląda to tak, że sprzedawca chodzi dookoła samochodu i dotyka wszystkich zarysowań, uszkodzeń czy nierówności, nic przy tym nie mówiąc. Potem pyta, ile spodziewamy się uzyskać za samochód. Jeżeli podamy mu wartość książkową *trade-in*, którą obliczyliśmy sobie, korzystając z Internetu, to może nawet wyciągnąć książkę z cenami hurtowymi i od tej liczby zacznie odejmować jak najwięcej za mile, braki i uszkodzenia. Jeżeli byliśmy dokładni przy obliczaniu tej liczby, to powinniśmy być stanowczy. Najczęściej pokaże nam w książce liczby dotyczące podstawowej wersji samochodu, będzie przy tym szybki i będzie starał się mówić bardzo stanowczo.

Przed przystąpieniem do negocjacji warto rozejrzeć się w naszej okolicy, przejrzeć lokalną prasę, żeby zobaczyć, ile za podobny samochód życzą sobie nasi sąsiedzi. Po informacji w prasie trudno będzie poznać, czy mamy do czynienia z drobnym dilerem, czy prywatną osobą, ale znając ich ceny, możemy równie stanowczo walczyć z naszym sprzedawcą i jego managerem.

Jeżdżąc od dilera do dilera w poszukiwaniu naszego nowego samochodu, warto również prosić o wycenę naszego starego pojazdu. Jeżeli mamy możliwość odwiedzenia hurtowego kupca używanych samochodów, to warto zapytać, ile by nam zaoferował za zakup. Powinna to być minimalna cena, jakiej powinniśmy oczekiwać od dilera. Jeżeli diler będzie chciał nas nieprzyzwoicie wykorzystać, to możemy po prostu zrezygnować ze sprzedaży starego samochodu i zabrać go do hurtownika, bez konieczności samodzielnej sprzedaży detalicznej.

Kiedy miałem klienta, który myślał, że po przeczytaniu kilku książek czy artykułów w Internecie wie już wszystko na temat sprzedaży starego samochodu, więc jest w stanie na nim zarobić, wiedziałem, że sprzedaż musi potrwać nieco dłużej. Jedną z rzeczy, która skazywała klienta na niepowodzenie, było prezentowanie samochodu w złym stanie i zaniedbanego. Niechlujstwo nie popłaca. Widziałem samochody brudne, śmierdzące, pełne sierści i niedopałków i klientów oczekujących najwyższej książkowej ceny. Nigdy się to nie udawało. Najlepszy manager używanych samochodów nie jest w stanie wszystkiego sprawdzić w ciągu kilkunastu do kilkudziesięciu minut, jakie poświęca na wycenę używanego auta. Często polega na swojej intuicji. Jeżeli widzi zaniedbany i brudny samochód, to zakłada, że właściciel był równie niestaranny, jeśli chodzi o przeglądy, okresową wymianę oleju, pasków czy naprawy. Automatycznie obniża cenę o wiele bardziej niż kosztowałoby samo czyszczenie, mycie i przygotowanie samochodu do sprzedaży detalicznej.

Wiedza teoretyczna nie wystarcza. Musimy przygotować samochód do sprzedaży - czy to osobiście, czy też korzystając z profesjonalnego serwisu. Wiele myjni samochodowych może bardzo dokładnie umyć samochód (*detailing*), a nawet usunąć brzydkie zapachy. Warto na to wydać pieniądze. Większość rzeczy możemy zrobić sami po wizycie w sklepie samochodowym i myjni samoobsługowej. Po starannym umyciu samochodu szamponem z zewnątrz powinniśmy wyczyścić też koła i opony. Nie należy używać zbyt mocnych środków, które mogą uszkodzić aluminium. Po wysuszeniu trzeba nasmarować opony czernidłem i zobaczyć, w jakim stanie jest blacha i farba. Jeżeli farba jest w dobrym stanie, to wystarczy nawoskowanie - najlepiej dające wysoki połysk. Jeśli mamy jakieś uszkodzenia, to

- jedynie kiedy się na tym znamy - możemy kupić farbkę u dilera (*touch-up paint*) i samemu zamalować malutkie zadrapania i dziurki. Jeżeli nie macie Państwo doświadczenia, to proszę tego samemu nie próbować. Nawet używając oryginalnej farby, sprawicie, że samochód będzie wyglądał gorzej niż poprzednio. Nie polecam malowania samochodu ze względów kosmetycznych. Każdy manager używanych samochodów przy użyciu miernika farby rozpozna, że samochód był malowany i będzie zakładał, że malowanie było skutkiem wypadku, a to znacznie obniży cenę.

Małe wklęśnięcia i niewypukłości przy zachowanej strukturze oryginalnej farby mogą naprawić za około 50 do 100 dolarów specjalizujący się w tym zawodowcy. Można też użyć zestawów naprawczych, które kosztują około 30 dolarów.

Następną sprawą są szyby. Małe uszkodzenia spowodowane uderzeniem kamyków na drodze można naprawić w specjalistycznych zakładach za niewielkie sumy. Jeżeli nasze ubezpieczenie pokrywa uszkodzenia szyb, to najlepiej je wymienić całkowicie.

Wnętrze należy starannie posprzątać i wyczyścić, szczególnie jeśli w samochodzie jeździły zwierzęta. Oczywiście zabieramy wszystkie niepotrzebne rzeczy ze schowków, podłogi i siedzeń. Nie wolno zapomnieć o bagażniku i miejscu na koło zapasowe. Odpowiednimi środkami czyścimy tapicerkę czy skórę.

Naturalną metodą pozbycia się nieprzyjemnych zapachów jest wożenie otwartego worka węgla (*charcoal*), którego użyjemy potem do grilla lub świeżo zmielonej kawy po zaparzeniu, która wysychając, oczyszcza powietrze. Niektórzy polecają też ocet. Jeżeli po wyczyszczeniu wnętrza dalej czujemy nieprzyjemne zapachy, to możemy umieścić troszkę odświeżacza we wlocie powietrza, który zazwyczaj znajduje się pod przednią szybą, i włączyć wentylację na pełnych obrotach na kilkanaście minut. Takie spraye dostępne są w każdym sklepie czy na stacji benzynowej. Jeżeli to nie pomoże, ponieważ w samochodzie stało się coś przykrego i po prostu dalej śmierdzi, zapach może usunąć jedynie profesjonalny serwis w dobrej myjni. Zajmuje to nieraz cały dzień. Obsługa myjni umieszcza w oknie samochodu podobne do odkurzacza urządzenie, które jonizuje wnętrze samochodu.

Warto także oczyścić samochód pod maską. Czysty silnik, akumulator i metalowe części sprawiają wrażenie, że samochód był regularnie u mechanika. Czyszcząc akumulator i styki, musimy być ostrożni: najlepiej włożyć okulary i rękawice. Styki akumulatora najlepiej oczyścić wodą z zawartością sody oczyszczonej przy użyciu szczotki drucianej. Następnie należy zabezpieczyć styki smarem do styków akumulatora. Czyszcząc silnik, musimy być bardzo ostrożni, aby nie zalać czy zamoczyć styków elektrycznych.

To jeszcze nie koniec. O wiele mniej będzie nas kosztować wykonanie drobnych napraw samodzielnie niż pozwolić, aby przyszły kupiec czy diler odjęli ich koszt od ceny samochodu.

Drobne naprawy dotyczą na przykład ułamanego lusterka, uszkodzonej pokrywy koła. Dokonując tych napraw pokażemy, że samochód był dobrze utrzymany i prawdopodobnie nie trzeba obawiać się niespodzianek. Inną sprawą są większe naprawy. Tutaj polecam być szczerym i po prostu poinformować o potrzebie dokonania większych napraw. Niestety większość potencjalnych nabywców nie będzie chciała inwestować dodatkowo tuż po zakupie samochodu większych sum pieniędzy i zrezygnuje z zakupu. Inni, kiedy jesteśmy szczerzy i odpowiednio obniżymy cenę, nie będą mieć z tym problemu. Jeśli sami dokonamy naprawy, to najprawdopodobniej nie odzyskamy tych pieniędzy przy sprzedaży, ale z drugiej strony umożliwi nam to łatwiejszą sprzedaż samochodu. Musimy sobie uświadomić, że tak czy inaczej stracimy pieniądze na uszkodzonym samochodzie.

Jeszcze raz przypominam, że warto zainwestować w przygotowanie naszego starego samochodu do sprzedaży i sprawdzenie ceny, jaką można za niego uzyskać w przynajmniej

3, 4 miejscach, nawet jeśli dajemy prywatne ogłoszenia o sprzedaży w prasie. To może być tysiące dolarów różnicy wobec kilkuset dolarów inwestycji.

Większość ludzi w Stanach Zjednoczonych woli oddać stary samochód dilerowi i nie martwić się o nic. Cała ich uwaga skupia się na nowym samochodzie. Chcą, aby wszystko odbywało się łatwo, a cena odgrywa już mniejszą rolę. Wymiana samochodu na nowy ma wiele korzyści. Przyjeżdżamy do dilera starym samochodem, podpisujemy kilka papierów, pracownicy dilera zmieniają nam tablice rejestracyjne lub bierzemy nowe i wyjeżdżamy nowym, pięknym samochodem. W praktyce używamy wartości starego samochodu do zmniejszenia ceny i sumy ewentualnej pożyczki. W tym przypadku oszczędzamy również na podatkach w większości stanów, które płacimy od wartości zredukowanej sumy, a nie pełnej ceny samochodu. Proszę pamiętać, że nie ma korzyści podatkowej, kiedy sprzedajemy samochód samodzielnie. Najlepiej wejść na stronę wydziału komunikacji (DMV) w naszym stanie i sprawdzić to.

Jest kilka problemów, jakie napotkamy, sprzedając samochód dilerowi. Po pierwsze, sprzedamy go o wiele taniej niż osobie prywatnej. Najczęściej stracimy tysiące dolarów na kilkuletnim samochodzie. Po drugie, trudno nam będzie uzyskać nawet hurtową cenę bez stanowczych negocjacji, a jeżeli mamy samochód, który z różnych przyczyn nie interesuje dilera (może ma już 10 takich modeli), to i tak nie będzie zainteresowany zakupem i płaceniem najlepszej ceny. Diler kupi samochód ze względu na chęć sprzedania nowego, a potem pośle go na giełdę, gdzie sam nie będzie mógł wiele zarobić. Negocjując ceny, pamiętajmy, że potocznie mówiąc - diler „nie robi nam łaski", kupując od nas samochód. On zawsze stara się jak najwięcej zarobić.

Wracając do samochodu, który wymaga większej naprawy. Musimy się pogodzić z faktem, że będzie nas to więcej kosztować, ale przede wszystkim przy sprzedaży u dilera możemy przygotować się do negocjacji. Dobrym narzędziem jest wycena kosztów naprawy zrobiona przez niezależnego mechanika. Jeżeli diler będzie usiłował odjąć większą sumę, możemy mu przypomnieć, że to my powiedzieliśmy mu pierwsi o uszkodzeniu i wtedy przedstawić mu koszty naprawy. Inną możliwością jest sprzedaż starego auta dilerowi używanych samochodów. Oni mogą być bardziej skłonni do zapłacenia rynkowej ceny.

Jeszcze raz przypomnę, że według mnie nie ma aż tak wielkiego znaczenia, kiedy powiemy, że mamy stary samochód do sprzedaży. Nie musimy podawać tej informacji „na ochotnika", ale wyraźnie zapytani nie powinniśmy kłamać. **Ważne jest, żeby negocjować cenę nowego samochodu i sprzedaży starego oddzielnie**. Tyle a tyle zapłacę za nowy samochód, a wy zapłacicie za mój używany samochód taką sumę. Łączenie obu transakcji może okazać się bardziej kosztowne właśnie dla nas. Jeszcze raz przypomnę, że obowiązkowo należy przeczytać wszelkie kontrakty i dokumenty, które podpisujemy, i poprosić o kopie. Jeżeli czegoś nie rozumiemy, koniecznie należy poprosić o wyjaśnienie.

Jeżeli zostawiamy zaliczkę (*deposit*), to koniecznie należy poprosić o dopisanie na kontrakcie, że jest ona bezwarunkowo zwracana i najlepiej w krótkim terminie. Bardzo często spotykałem się z negatywnym nastawieniem managerów, którzy nie chcąc zwrócić zaliczki lub zwracając ją dopiero po długim okresie, nawet liczonym w miesiącach, chcieli w ten sposób ukarać „niedobrego" klienta.

O wiele więcej pracy i wysiłku wymaga samodzielna sprzedaż, która jednak przynosi więcej pieniążków. Musimy ogłaszać sprzedaż samochodu, przyjmować telefony, pokazywać samochód i jeździć na próbne jazdy i do mechaników. Jeżeli podamy zbyt wysoką cenę, to niewielu klientów będzie zainteresowanych. Zanim damy ogłoszenie, powinniśmy się zorientować, ile nasz samochód jest wart, jaka jest cena hurtowa oferowana przez dilerów i jakie ceny podobnych samochodów w naszej okolicy podawane są w ogłoszeniach o sprzedaży w prasie. Powinniśmy podać nieco wyższą cenę od tej, za którą jesteśmy gotowi sprzedać samochód. Większość będzie chciała osiągnąć coś w negocjacjach. Jeżeli mówimy po angielsku, powinniśmy to wykorzystać i ogłaszać się w lokalnej gazecie. Najlepiej poinformować o chęci sprzedania auta nasze najbliższe środowisko; rodzinę, przyjaciół, kolegów w pracy i jak najwięcej osób w kościele. Polecam polskie gazety i strony internetowe. Wiele sugestii znajdziecie Państwo na www.Ogloszenie.us, www.drobnica.com, WWW.pajeczyna.com i www.bazarynka.com.

Bardzo dobrą metodą jest po prostu umieszczenie napisu *For Sale* na szybie samochodu i podanie przy tym kilku podstawowych informacji, liczby przejechanych mil, rocznika samochodu i numeru telefonu. Oszczędzi nam to nieco czasu na odpowiedzi na telefonie. Na telefony należy się przygotować i mieć pod ręką ważniejsze informacje dotyczące samochodu: rocznik, przebieg w milach, wyposażenie, kolor, rachunki z napraw i serwisowania itp.

Rozmówcy będą się umawiali na spotkania, by zobaczyć i sprawdzić samochód. Proszę pamiętać, że nie wszyscy się pojawią, a niektórzy mogą się okazać dziwni i tylko pozornie zainteresowani samochodem. Najlepiej umawiać się na spotkania jedno po drugim w krótkich odstępach czasu. Powinniśmy uczciwie odpowiadać na pytania i nie odmawiać wyjazdu do niezależnego mechanika. Kupcom z rodziny czy przyjaciołom możemy ufać nieco bardziej, natomiast przygodnych klientów lepiej traktować z większą ostrożnością. O wyjeździe do mechanika należy poinformować kogoś bliskiego i mieć przy sobie telefon komórkowy. Oczywiście nie pozwalamy obcym jeździć samym.

Niestety, żyjemy w coraz mniej bezpiecznym świecie i samochody są kradzione każdego dnia. Musimy skontaktować się z wydziałem komunikacji i dowiedzieć się, jakie dokumenty potrzebne są do indywidualnej sprzedaży samochodu. To zależy od stanu, w którym mieszkamy. Najczęściej podajemy stan licznika i cenę, podpisujemy *title* i to wszystko (oczywiście jeżeli nie ma pożyczki bankowej do spłaty). W wielu stanach musimy ściągnąć tablice rejestracyjne i oddać je do wydziału komunikacji.

Zakup nowego samochodu da nam satysfakcję jedynie wtedy, kiedy wszystko będzie właściwie załatwione i nie stracimy niepotrzebnie pieniędzy.

Rozdział 7

Wysyłka do Polski i przesiedlenie

Wiele osób kupowało u mnie nowe samochody z myślą, że za rok lub dwa wyjadą do Polski i tam będą ich używać. Przy wyższym kursie dolara zmalała liczba samochodów wysyłanych na handel. Chciałbym poruszyć kilka spraw, które mogą Państwu pomóc. Nie będę zajmował się wielkością podatków, ponieważ w Polsce te mogą się w każdej chwili zmienić, zawsze więc trzeba sprawdzić aktualne prawo i wielkość podatków na stronach rządowych czy stronach firm zajmujących się sprowadzaniem i wysyłką samochodów. Oczywiście, najlepiej jest zadzwonić czy pojechać do polskiego konsulatu.

Jeśli chodzi o firmy wysyłkowe czy osoby kupujące samochody, to należy być niezmiernie ostrożnym. Ogłoszenie w polskiej gazecie i telefon komórkowy jako kontakt nie powinny wzbudzać zbyt wielkiego zaufania. W tych sytuacjach cena to naprawdę nie wszystko. Najlepiej korzystać z usług firm będących na rynku przez dłuższy czas, a także tych większych. Sprawdźmy, czy firma ma stronę internetową, gdzie jest jej siedziba i jak długo jest na rynku. Dobrą metodą jest rekomendacja członków rodziny czy przyjaciół, którzy korzystali z usług danej firmy i mogą potwierdzić, że ich samochód dotarł na miejsce nieuszkodzony, na czas i bez żadnych niespodzianek. Znowu polecam sprawdzanie w PolishPages w książce czy na stronie internetowej. Ogłoszenia te przyjmowane są na cały rok i mamy pewność, że firma ma zamiar istnieć na rynku przynajmniej przez taki czas. Ceny będą się wahały dość znacznie i zależały od miejsca przeznaczenia. Im dalej od wybrzeża, tym wyższa cena.

Koniecznie należy sprawdzić, z usług której Agencji Celnej firma wysyłkowa korzysta w Polsce, i wcześniej dowiedzieć się bezpośrednio od nich jakie oferują ceny za rozładunek i odprawę celną. Poprośmy również o podanie listy wszystkich dokumentów potrzebnych do odbioru samochodu i przypuszczalnego czasu, jaki zajmuje cała procedura. Tania wysyłka ze Stanów Zjednoczonych może stać się bardzo kosztowna po doliczeniu kosztów w Polsce. Tu różnice są bardzo znaczne. Ogromnie ważna jest też sprawa bezpieczeństwa pojazdu i jego zawartości. Przy przesiedleniu, wysyłając samochód kontenerem, możemy wypełnić go paczkami bez żadnych dodatkowych kosztów. Kontener jest plombowany w USA i otwierany dopiero w Polsce. Najczęściej płynie statkiem do Niemiec, gdzie jest przeładowywany na statek płynący do Polski.

Bardzo często portem docelowym w Polsce jest Gdynia. To przedłuża nieco podróż, ale i tak trwa najczęściej do 3 tygodni, chociaż firmy wysyłkowe dla swojego bezpieczeństwa i wygody mówią o 4, a nawet 6 tygodniach. Cały proces możemy sprawdzić w Internecie. W związku z tym koniecznie należy poprosić firmę wysyłkową o podanie numeru kontenera i adresu internetowego przewoźnika morskiego. Tam możemy sprawdzić, co się dzieje z kontenerem, w którym znajduje się nasz samochód, i przygotować się na jego odbiór. Tu możemy napotkać kilka stresujących sytuacji. Jeżeli cały kontener załadowany jest naszymi rzeczami, to oczywiście ułatwi sprawę.

Najczęściej w kontenerze znajdują się co najmniej 3 samochody, z których każdy ma innego właściciela. To przedłuża proces zarówno w USA, jak i w Polsce. Firma wysyłkowa trzyma samochody tak długo, aż skompletuje załadunek kontenera do danego miasta, a przy zastoju na rynku może to potrwać nawet kilka miesięcy. Do otwarcia kontenera w Polsce potrzebne są dokumenty od wszystkich właścicieli, a czasami brak jednego może spowodować kilkutygodniowe oczekiwanie. W optymalnych warunkach, jeśli się sprawdza lokalizację kontenera i wysyła do agencji celnej e-mailem kopie wszystkich potrzebnych dokumentów po ich zeskanowaniu, cała wysyłka może trwać tylko około trzech tygodni.

Zamawiając bilety, mamy czas zapakować samochód, wysłać z USA osobiście i po przylocie spokojnie odebrać go w

Polsce. Bardzo ważna uwaga: różnica cen paliwa między Polską a Stanami Zjednoczonymi jest znaczna. Wszyscy wysyłający tankują samochody do pełna, aby przy odbiorze przekonać się, że w baku nie ma ani kropli paliwa. Firmy wysyłkowe przypadkowo i dość wygodnie „zapominają" poinformować klientów, że spuszczają paliwo przed wysyłką. Co z nim robią, możemy się tylko domyślać. Faktem jest, że na statek wolno załadować samochód jedynie z kilkoma galonami paliwa w baku i odłączonym akumulatorem.

Na wszelki wypadek polecam przy odbiorze w Polsce zabranie małego pojemnika z paliwem. Słyszałem od właściciela agencji celnej, że przychodziły nawet samochody ze spuszczonym olejem ze skrzyni biegów i silnika. Zanim odpalimy samochód, upewnijmy się, że niczego nie brakuje. Inna ważna sprawa przy przesiedleniu, które możemy obecnie robić co trzy lata, to termin załadowania kontenera. Pewna pani wysłała samochód na kilka dni przed upływem sześciu miesięcy od jego zakupu i rejestracji w USA. Te kilka dni kosztowały ją tysiące dolarów, mniej więcej 50% ceny samochodu, i mnóstwo straconego czasu, energii i nerwów. Prawo Unii Europejskiej wymaga, aby samochód był zarejestrowany, ubezpieczony i użytkowany w USA minimum 6 miesięcy. Jeżeli lecimy do Polski wcześniej, należy poprosić firmę wysyłkową o przetrzymanie samochodu nieco dłużej, aż upłynie ten wymagany okres. Nie jest to dla nich problem, ponieważ - jak wspomniałem - i tak muszą często czekać na skompletowanie kontenera.

Polecam po przylocie do Polski, a przed odbiorem samochodu, porozumienie się ze stacją diagnostyczną w celu dokonania przeglądu oraz pojechanie do mechanika, aby dostosować światła i inne rzeczy, których nasz samochód może wymagać.

Jeżeli zostawimy amerykańskie tablice na samochodzie to po wykupieniu ubezpieczenia w Polsce możemy nim wyjechać z agencji celnej do mechanika i na stacje diagnostyczną. Jest to wygodne rozwiązanie, chociaż nieco bardziej kosztowne. Po pierwsze, musimy płacić w USA za ubezpieczenie, dopóki nie zwrócimy tablic i nie wyrejestrujemy samochodu, a po drugie, będziemy płacić zazwyczaj większe ubezpieczenie w Polsce.

Najlepszym rozwiązaniem jest zwrócenie tablic w USA przed wyjazdem i zwrócenie się do wydziału komunikacji *(DMV)* o wydanie zaświadczenia (*Motor Vehicle Report*), którego możemy użyć do potwierdzenia bezwypadkowej historii jazdy w ciągu ostatnich kilku lat (*driving record*). W stanie Nowy Jork kosztuje to jedynie 10 dolarów, a prawie każdy agent ubezpieczeniowy w Polsce powinien nam dzięki temu udzielić nawet 60% zniżki przy zakupie ubezpieczenia. W kraju załatwiamy tablice tymczasowe, a potem w ciągu 1-2 dni ubezpieczenie, przegląd i normalne tablice.

Będąc w USA, nie zapomnijmy jeszcze o kilku - wydawałoby się - nieistotnych dokumentach, które będą bardzo pomocne w Polsce. Potwierdzeniem pobytu w USA są rachunki za gaz, wodę, prąd, czynsz, kopie dokumentów podatkowych itp. Najprostszym i skutecznym jest jednak ciągle zaświadczenie z konsulatu.

Inną śmieszną sprawą jest biurokracja w wydziałach komunikacji. Przywożąc niedawno samochód z USA do Polski, rejestrowałem go w Kielcach. Przetłumaczyłem akt własności (*title*), rachunek zakupu (*buyers order),* podbiłem tłumaczenia u tłumacza przysięgłego i pewny siebie, ruszyłem do wydziału komunikacji. Po kilku godzinach czekania i ponownym powrocie tego samego dnia dowiedziałem się, że samochodu nie zarejestruję. Kupując samochód, a sam sobie go sprzedawałem jako diler, zabrałem ze sobą kopię rachunku klienta, w tym wypadku żółtą, a na miejscu zostawiłem wymaganą przez prawo amerykańskie białą kopię dilera. W dziale komunikacji pani kierowniczka i w końcu szef działu komunikacji powiedzieli mi, że to kopia, a oni wymagają oryginału, tzn. białej pierwszej strony. Zadzwoniłem do swojego przyjaciela, szefa przedsiębiorstwa, w którym kupiłem samochód, i poprosiłem go o wysłanie kopii białej. Trudno mu było zrozumieć, dlaczego upieram się, aby przysłał mi „jego" biały papier, ale w końcu ze śmiechem ustąpił. Uśmiałby się jeszcze bardziej, gdybym mu powiedział, że po zrobieniu kserokopii zwrócono mi od razu ten „ważny dokument". Musiałem pisać oświadczenie, że dostarczę oryginał w ciągu 30 dni i czekać, aż dokument do mnie dotrze. Będąc jeszcze w USA, udajcie się Państwo do dilera, u którego zakupiliście samochód, i poproście o wydanie wam pierwszej strony rachunku potwierdzającego zakup *buyers order*. Dla sprzedawcy to kilka minut i na pewno nie będzie robił problemów, nawet po wielu latach od momentu zakupu.

Jeszcze raz o tłumaczeniach dokumentów. Obecnie należy przetłumaczyć akt własności (*title*) i rachunek, fakturę od dilera lub osoby sprzedającej u tłumacza przysięgłego. Najlepiej jest przetłumaczyć wszystkie dokumenty samemu lub przez znajomego tłumacza, a dopiero z tym iść do tłumacza przysięgłego i poprosić o potwierdzenie tłumaczenia. Zaoszczędzicie Państwo w ten sposób kilkaset złotych. Jeszcze raz przypomnę, że trzeba sprawdzić, tuż przed decyzją o wysyłce samochodu, jakie dokumenty wymagane są przez agencję celną, wydział komunikacji i przewoźnika. Lista mienia ważna jest obecnie przez rok. To znaczy, że mamy właśnie tyle czasu na przewiezienie naszego dobytku.

Rozdział 8

Podsumowanie

Kupowanie samochodu w USA nie jest prostą sprawą. Internet, książki, czasopisma dostarczają mnóstwo informacji w ręce klientów, co spowodowało, że producenci i dilerzy stworzyli bardzo skomplikowany system sprzedaży i ustalania cen. Ci nabywcy, którzy nie przygotują się do zakupu samochodu, gubią się w tym labiryncie i zazwyczaj płacą znacznie więcej od tych, którzy starannie odrobili swoją pracę domową. Oto najważniejsze punkty na naszej drodze do nowego pięknego samochodu, o których trzeba pamiętać.

Nie należy pokazywać wszystkich kart od razu i mówić, co wiemy na temat zakupu samochodu. Sprawdźmy, w jaki sposób diler będzie nas traktował, i na tej podstawie podejmujmy decyzje. Niech brak szacunku oznacza brak sprzedaży. Wspierajmy jedynie dobrych, rzetelnych dilerów i sprzedawców. To jest najlepsza inwestycja w dłuższej perspektywie.

Pamiętajmy, że ceny sugerowane przez producenta (*MSRP*) czy pokazywane czasami przez sprzedawcę ceny dilera (*invoice*) nie są faktycznym kosztem dilera. Należy dowiedzieć się, ile wynoszą, i dopiero po odjęciu dopłat producenta (*holdback*) i rabatów ustalić orientacyjną podstawę do negocjacji. Tutaj powstaje pewien dylemat, ponieważ często nawet sprzedawcy nie wiedzą, ile samochód faktycznie kosztuje dilera. Ich pracodawcy płacą im prowizje od zysku, bazując na wartości *dealer invoice*. Z drugiej strony, jeżeli jesteśmy należycie przygotowani, a sprzedawca spędził z nami niewiele czasu, to pamiętajmy, że dostaje on minimalną prowizję - zazwyczaj 50 do 150 dolarów bez względu na to, za ile sprzedał samochód. Musicie Państwo ocenić wartość jego usług według własnego sumienia, a sprzedawca może to zaakceptować lub odrzucić.

Do ustalenia wartości *holdback* i aktualnych rabatów i promocji najlepszy jest Internet. W załączniku podaję pomocne adresy. Tam też należy poprosić o oferty dilerów sprzedających przez Internet. To również będzie pomocne w negocjacjach.

Przystępując do nich, warto powiedzieć sprzedawcy na początku, że znamy cenę dilera, że to nie jest cena *invoice*. Wtedy należy poprosić go o podanie jego najlepszej ceny, mówiąc, że bez względu na wszystko i tak pojedziemy jeszcze co najmniej do trzech dilerów i na podstawie najlepszej ceny, wliczając wszystkie dodatkowe opłaty, jeszcze w tym tygodniu kupimy samochód. **Jeżeli nie macie Państwo czasu czy możliwości zastosowania czegokolwiek z tego poradnika, to proszę, BEZ WZGLĘDU NA WSZYSTKO, pojedźcie do minimum pięciu dilerów z tymi słowami i tak faktycznie zróbcie. KONKURENCJA jest najlepszą minimalną strategią przy zakupie samochodu.**

Następnym niezbędnym elementem jest zachowanie ostrożności przy zostawianiu depozytu i spotkaniu z managerem finansowym (F&I). Tutaj można stracić wszystko, co wywalczyliśmy do tej pory. Przy zostawianiu zaliczek musimy nalegać, by na piśmie zapewniono nam zwrot terminowo i w pełni wszystkich pieniędzy przy rezygnacji z zakupu. Dodatki, zabezpieczenia, gwarancje i ubezpieczenia kupione u managera finansowego są w większości niepotrzebne lub mają zawyżoną cenę. Jeśli tego nie potraficie, to musicie się Państwo przed wizytą u niego nauczyć mówić: „Nie, dziękuję bardzo".

Jeżeli mamy stary samochód, który chcemy przy okazji sprzedać dilerowi, to nie musimy mówić o tym od razu, ale nie należy też zwodniczo tego ukrywać. Powinniśmy wcześniej dowiedzieć się, ile jest wart na wolnym rynku, i przy okazji odwiedzin u wcześniej wspomnianych pięciu dilerów poprosić każdego o podanie najlepszej ceny hurtowej. Zawsze możemy wybrać najlepszą ofertę lub sami sprzedać samochód. Najwygodniej jest wybrać najlepszą cenę w kombinacji sprzedaży starego z zakupem nowego samochodu u jednego dilera, koniecznie negocjując każdy z tych elementów osobno.

Wspaniałą możliwością jest podarowanie starego samochodu organizacji charytatywnej i odpisanie sobie tego od podatku pod koniec roku.

Proszę zrozumieć, że sprzedawcy samochodów spotykają codziennie wielu nabywców, którzy - mówiąc krótko - kłamią, aby kupić samochód jak najtaniej. Często np. zapewniają, że otrzymali oferty od innego dilera, które jak sprzedawca wie, są fizycznie niemożliwe. Nieraz samochód próbują kupić ludzie, których absolutnie na to nie stać i nie mogą za niego zapłacić, ale którzy chcą go wziąć do domu na próbną jazdę. Nabywcy szybko przekonują się, że sprzedawca powie im wszystko, co pragną usłyszeć, aby samochód sprzedać jak najdrożej. Ten obustronny brak zaufania i chęć zysku za wszelką cenę bardzo utrudnia życie zarówno uczciwym sprzedawcom, jak i klientom. Musicie być Państwo przygotowani na przebrnięcie przez tę czarną chmurę. Głowa do góry, jest to możliwe, a przy pomocy tej książki będzie wam łatwiej tego dokonać. Przecież chcecie tylko uczciwie kupić dobry samochód.

- Panie Ryszardzie, szukałam tego telefonu przez jakiś czas i wreszcie się do Pana dodzwoniłam. Co u Pana słychać?

- Dziękuję bardzo. Wszystko w porządku. Co za miła niespodzianka. Nawet w Polsce nie zapomniała Pani o mnie.

- No właśnie. Kiedy wraca Pan do USA? Potrzebuję nowego samochodu, a bez Pana niczego nie kupię.

- Jeszcze jakiś czas będę w Polsce, ale dziękuję za zaufanie i pamięć. Proszę zostawić swój aktualny telefon, a postaram się Pani pomóc.

Będąc managerem sprzedaży japońskiej marki w Nowym Jorku zdobyłem sobie grono wspaniałych klientów. Spacerując po ulicy czy robiąc zakupy w sklepie, spotykałem ludzi, którzy kupili ode mnie samochody i nawet po wielu latach mnie pamiętali i miło wspominali. Jest to ogromna nagroda i motywacja do prowadzenia uczciwych interesów. Świadczy to też o tym, że jeżeli rzetelnie traktujemy klientów, to oni to odwzajemnią i pomogą w rozwoju biznesu. Większość kupujących przychodziło przysłana przez kogoś, kto kupił samochód wcześniej. **Ta książka jest dedykowana właśnie Państwu - moim starym i potencjalnym klientom.** Proszę ją trzymać, zaglądać do niej przed każdymi zakupami i podzielić się informacjami z innymi, bo książka ta na pewno Państwu pomoże i będzie użyteczna przez wiele lat. Jest to dobry prezent o każdej porze roku.

Polecam ją również wszystkim pracującym w branży samochodowej. **Złota zasada Pana Jezusa Chrystusa** – *Traktuj innych tak, jakbyś chciał, aby oni ciebie traktowali* jest najlepszą strategią nie tylko w życiu, ale i w interesach. Ci, którzy tego nie rozumieją, powinni co najmniej zmienić zawód i nie pracować bezpośrednio z ludźmi. Ci, którzy to zrozumieli, są znakomitymi wyjątkami, którym wiedzie się nawet w trudnych czasach.

Serdecznie życzę wszystkim Państwu powodzenia i udanych zakupów.

Słownik

Acquisition fee – Opłata pobierana przez dilera, która ma pokryć koszty pozyskiwania między innymi raportu kredytowego, potwierdzenia ubezpieczenia i tym podobnej dokumentacji.

Adjusted capitalized cost – Wartość (cena) samochodu, na jaką strony zgadzają się na początku leasingu.

Advertising fee - Producenci pobierają opłaty od dilerów za prowadzone przez siebie reklamy. Dilerzy starają się przerzucić koszty reklamy bezpośrednio na nabywcę samochodu.

Auto insurance – Zabezpiecza na wypadek strat poniesionych podczas posiadania i używania samochodu. Ubezpieczenie pokrywa poniesione straty, jak również pokrywa koszty spowodowane z winy właściciela pojazdu wobec innych w wyniku posiadania i operowania pojazdem.

Base monthly payment – Część opłat miesięcznych, która pokrywa utratę wartości, koszty amortyzacji i wynajmu. Podatki i inne opłaty dodawane są później.

Binder – Tymczasowe porozumienie z firmą ubezpieczeniową stwierdzające, że polisa jest ważna. Używane jest w sytuacji, kiedy nabywca nowego samochodu potrzebuje potwierdzenia o ubezpieczeniu, aby wyjechać samochodem od dilera. Zazwyczaj przesyłany faksem do dilera. Nabywca jeździ z jego kopią do czasu otrzymania polisy.

Business Development Center – Wydział czy departament dilera zajmujący się pozyskiwaniem i utrzymaniem klientów.

Buyers order – Umowa zakupu samochodu (umowa ta zawierana jest na wstępie ze sprzedawcą.)

Capitalized cost – Zobacz *Gross capitalized cost*.

Car rental – Wynajem samochodu.

Charcoal – Węgiel drzewny

Contract – Szczegółowa umowa zakupu czy leasingu samochodu.

Closed end lease – Popularny rodzaj leasingu, w którym klient nie musi płacić za różnicę, jeśli wartość samochodu na końcu jest mniejsza niż ustalona na początku wartość spodziewana (*residual value*).

Close the deal – Doprowadzenie do zawarcia umowy w interesach.

Credit life insurance – Rodzaj ubezpieczenia na życie. Gwarantuje, że spadkobiercy będą w stanie spłacać samochód na wypadek śmierci właściciela.

Credit bureau inquiry fee - Opłata za sprawdzenie raportu kredytowego.

Credit score - Wyrażona numerycznie ocena zdolności kredytowej.

Customer rebate – Rabat udzielany przez producenta nabywcy samochodu. Zazwyczaj trzeba od niego zapłacić podatek.

Data Processing/Clerical Fee - Przetwarzanie danych/opłata biurowa.

Dealer financing - Pożyczka pieniędzy na samochód organizowana przez dilera, którą ten z zyskiem sprzedaje instytucji finansującej, np. bankowi.

Delivery – Dostawa lub odbiór samochodu.

Demo – Samochód używany przez pracowników dilera lub do jazd próbnych.

Depreciation and amortized amounts – Opłata ta ma za zadanie pokrycie spodziewanej utraty wartości samochodu w okresie leasingu oraz wszystkie inne rzeczy, za które płacimy w tym czasie. Wyliczana jest jako różnica między wartością ustaloną na początku (*adjusted capitalized cost*) a spodziewaną wartością na końcu (*residual value*).

Destination charge - To opłata narzucona przez producenta mająca na celu pokrycie kosztów transportu samochodu z fabryki do dilera. Jest ona jednakowa dla wszystkich samochodów i pokazana w oknie samochodu na tak zwanym *Window sticker.*

Detailing - szczegółowe umycie samochodu.

Deductible – Wartość do potrącenia. 100 dolarów *deductible* oznacza, że kwotę do 100 dolarów opłacamy z własnej kieszeni, a powyżej tej sumy płaci ubezpieczenie czy firma udzielająca gwarancji. Słowo to oznacza także możliwość odpisania od podatku danej kwoty.

Disability Insurance – Ubezpieczenie na wypadek niezdolności do pracy. Większość ma już to ubezpieczenie u swojego pracodawcy, a jeśli nie, to możemy je zakupić taniej gdzie indziej. Jest ono naprawdę ważne dla głównego żywiciela rodziny.

DMV (Department of Motor Vehicles) -Stanowy Wydział Komunikacji.

Documentation fee – Opłata ta ma na celu pokrycie kosztów tak zwanej „papierkowej roboty". Ma to pewne uzasadnienie, ponieważ wiąże się z rzeczywistymi kosztami udokumentowania sprzedaży i zarejestrowania samochodu.

Disposition fee (Disposal fee) – Opłata mająca na celu pokrycie kosztów przygotowania i wystawienia samochodu na sprzedaż po zakończeniu leasingu.

Down payment – Zaliczka, przedpłata.

Early termination – Zakończenie leasingu przed upływem ustalonego terminu bez względu na przyczynę. Zazwyczaj związane jest z dodatkową opłatą lub spłatą całej sumy od razu.

Excess mileage charge – Opłata za każdą milę przejechaną powyżej limitu dozwolonego w umowie.

Excessive wear and tear charge – Opłata mająca na celu pokrycie kosztów utraty wartości spowodowanej uszkodzeniem lub nadmiernym zużyciem pojazdu. Normalne i nadmierne zużycie określone jest przez przedstawiciela instytucji finansującej i obejmuje stan samochodu w środku i na zewnątrz.

Extended warranty - Przedłużona gwarancja.

F&I manager (finanse and insurance manager) – Manager finansowy, czasami zwany biznes managerem.

Fleet manager – Manager zajmujący się sprzedażą hurtową u dilera.

Force limiters - Urządzenia do ograniczenia siły, z jaką pas naciska na klatkę piersiową.

Full coverage - Pełne ubezpieczenie.

GAP coverage/Insurance – Ten rodzaj ubezpieczenia ma na celu pokrycie różnicy wartości samochodu i wymaganych opłat, jeśli samochód zostanie zniszczony lub ukradziony, i osoba biorąca auto w leasing musi zapłacić więcej, niż pokrywa jej firma ubezpieczająca.

Gross capitalized cost (Cap cost) – Wartość samochodu, na jaką zgadza się wynajmujący na początku leasu plus wszystkie inne rzeczy, za które jest gotowy lub musi zapłacić. Obejmuje to podatki, umowy serwisowe, ubezpieczenie, niespłacone pożyczki czy leasing itp. opłaty.

Home-equity Loan – Pożyczka pod zastaw domu.

Insurance – Ubezpieczenie.

Insurance ID Card – Dokument wydawany przez firmę ubezpieczeniową zawierający podstawowe informacje o polisie ubezpieczeniowej. Niektóre stany wymagają, aby dowód ubezpieczenia zawsze znajdował się w samochodzie.

Invoice – Faktura. Oficjalny koszt zakupu samochodu przez dilera.

Lemon laws – Prawa zwrotu towaru w ramach gwarancji mające chronić klientów przed wybrakowanymi produktami.

Lessee – Osoba lub firma biorąca samochód w leasing, czyli leasingobiorca, który musi wywiązać się ze wszystkich warunków umowy.

Lessor – Osoba, firma lub instytucja, która oferuje leasing samochodu, czyli leasingodawca.

Lien – Roszczenie, obowiązek spłaty, obciążenie na własności (samochodzie) jako zabezpieczenie spłaty długu.

Lien holder – Osoba lub instytucja mająca udział finansowy we własności (samochodzie) w wysokości pożyczonej sumy. Umieszczony jest na akcie własności do momentu spłaty.

Lo-jack - Najpopularniejszy system ustalania pozycji skradzionego samochodu mający pomóc policji w dotarciu do pojazdu, zanim zostanie rozebrany na części i sprzedany.

Lumbar support - Wsparcie lędźwiowej części kręgosłupa.

Milage allowance – Ustalony limit mil na okres leasingu. Wartość tę możemy negocjować, ale pamiętajmy, że wszystkie pieniądze wpłacone z góry nie podlegają zwrotowi przy niewykorzystaniu limitu.

Money factor – podawana w systemie dziesiętnym liczba, której banki i dilerzy używają do wyliczenia opłat za finansowanie w okresie miesięcznym. Porównywalne do oprocentowania pożyczki. Aby przekształcić ją w zbliżoną wartość procentową, musimy pomnożyć tę liczbę przez 2400.

Mortgage payment – Rata pożyczki przy spłacie długu hipotecznego.

Motor Vehicle Report (MVR) – Raport wydany przez Stanowy Wydział Komunikacji (DMV) wyszczególniający wypadki drogowe i przypadki złamania prawa od momentu otrzymania prawa jazdy. Ma na celu potwierdzenie informacji udzielonej przez starającego się o ubezpieczenie.

MSRP – Sugerowana przez producenta cena sprzedaży samochodu.

One payment lease – Rodzaj leasingu wymagający zapłaty z góry, a przez to zazwyczaj tańszy od sumy opłat miesięcznych. Częściej preferowany przez firmy niż indywidualnych klientów.

Paint sealant – *Szczeliwo do farby.*

Pinstriping – Malowanie lub naklejanie wąskiego prążka na samochodzie.

Policy – Kontrakt między właścicielem pojazdu a firmą ubezpieczeniową.

Premium – Cena polisy ubezpieczeniowej, jaką ubezpieczony płaci za ubezpieczenie pojazdu.

Pretensioners – Naciągacze pasów bezpieczeństwa.

Purchase option – Prawo zakupu samochodu w czasie lub pod koniec trwania leasingu za z góry ustaloną cenę.

Quote –Tutaj podanie przykładowej ceny ubezpieczenia.

Registaration/Title fee - Opłata za rejestrację/tytuł własności.

Remote control – Zdalne sterowanie, pilot.

Rent – Czynsz.

Residual value – Tak zwana wartość spodziewana albo inaczej umowna wartość pojazdu po zakończeniu kontraktu. Używana jest do wyliczenia opłat miesięcznych, ceny samochodu, za jaką możemy go nabyć przy końcu leasingu, i spadku wartości w okresie umowy. Faktyczna cena czy wartość samochodu jest ustalona przez rynek (oznacza to, ile ktoś będzie gotowy w tym czasie zapłacić za samochód).

Roll over – Przewrócenie samochodu przez dach, czyli tzw. dachowanie (uwzględniane przy testach drogowych sprawdzających stabilność pojazdu).

Roll over (payments) – Wliczenie pozostałości dotychczasowej pożyczki czy spłat w koszty nowej. Jeżeli pozostało nam na przykład 2000 dolarów w opłatach za leasing poprzedniego samochodu, to przy zakupie lub leasingu nowego ta kwota zostaje dodana do całkowitej ceny nowego samochodu.

Sales manager – Manager odpowiedzialny za sprzedaż np. samochodów.

Sales tax – Podatki od sprzedaży. Każdy stan ustala i pobiera swoje własne podatki. To, jak jest to robione, zależy od stanu. Proszę pamiętać, że podatki płacimy tam, gdzie samochód rejestrujemy (gdzie mieszkamy), a nie tam, gdzie go kupujemy.

Security deposit – Suma, jakiej może wymagać udzielający leasingu i która może zostać użyta do pokrycia ewentualnych uszkodzeń samochodu pod koniec umowy leasingowej. Najczęściej rezygnuje się z niej, używając jej jako narzędzia w negocjacjach.

Service fee for obtaining title, registration and license plates -Opłata serwisowa za pozyskanie tytułu własności, rejestracji i tablic rejestracyjnych.

Subvention – To specjalny program, za pomocą którego producent samochodu, korzystając z subwencji pomaga dilerom sprzedać wolno sprzedające się modele, zazwyczaj, przez udzielanie specjalnych rabatów lub niskiego oprocentowania pożyczek.

SUV – Samochód sportowo-użytkowy.

Swap – Zamiana lub bezpośredni zakup samochodu między dilerami samochodowymi. Producenci zapewniają dilerom możliwość poznania stanu posiadania wszystkich dilerów w rejonie, czy nawet kraju. Niektórzy managerzy starają się jednak ukryć swoje najlepsze samochody przed innymi. Zamiana może dojść do skutku jedynie przy obustronnej zgodzie partnerów. Jeżeli dany diler nie posiada odpowiedniego samochodu do zamiany, zazwyczaj odkupuje potrzebny mu samochód. Ze względów logistycznych (kierowca zawozi jeden samochód i wraca drugim), a także finansowych dilerzy dążą do zamiany, a zakup traktują jako ostateczność.

The Environmental protection agency – Agencja Ochrony Środowiska. Agencja federalna Stanów Zjednoczonych działająca w celu ochrony zdrowia ludzkiego oraz środowiska naturalnego.

Theft Avert – Systemy mające na celu zapobieganie kradzieży samochodu lub rozpoznanie pojazdu po jego kradzieży.

Title and registration fee – Opłata za wystawienie aktu własności samochodu i rejestrację. Diler zazwyczaj załatwia za nas rejestrację i uzyskanie dowodu własności.

Touch-up paint – Farba samochodowa w niewielkim pojemniku przeznaczona do określonego samochodu.

Towing – Holowanie pojazdów.

Trade-in – Oddanie starego samochodu dilerowi (w ramach rozliczenia) przy zakupie innego pojazdu.

Undercoating – rustproofing - Konserwacja podwozia i karoserii.

Vehicle Identification Number (VIN) – Siedemnastocyfrowy numer przypisany do każdego samochodu wyprodukowanego w Stanach Zjednoczonych po 1980 roku. Numeru używa się w celach identyfikacyjnych. Jest on widoczny pod przednią szybą, patrząc z zewnątrz samochodu.

Warranty – Pisemna gwarancja niezawodności produktu i odpowiedzialności producenta za naprawę lub wymianę uszkodzonych części.

Wheel lock – Śruby czy zakrętki zabezpieczające przed kradzieżą kół. Koła można odkręcić jedynie za pomocą specjalnej nakrętki.

Window etching /VIN etching - Polega na wypaleniu w każdym oknie samochodu numeru identyfikacyjnego (powinien być to numer VIN) dla odstraszenia od jego kradzieży.

Window sticker – Naklejka informacyjna wymagana przez prawo na samochodzie sprzedawanym przez dilera w USA. Większość producentów umieszcza je na wszystkich sprzedawanych samochodach. Naklejka umieszczona na nowych samochodach powinna zawierać sugerowaną cenę producenta, wielkość opłaty transportowej, wielkość spalania w milach na galon benzyny, opis techniczny części, np. wielkość silnika, i dodatkowe informacje, jak na przykład opcjonalne wyposażenie.

Tabela oprocentowania

Kryteria suma finansowana $1000.00 liczba dni do I. raty 30 sprzedaż detaliczna - orientacyjna rata miesięczna	Termin od 24 do 72 wzrost 12		Wielkość oprocentowania od 0 do 13 wzrost .50	
Długość pożyczk i Rata	**24**	**36**	**48**	**60**	**72**
0.00	$41.67	$27.78	$20.83	$16.67	$13.89
0.50	$41.88	$27.99	$21.05	$16.88	$14.10
1.00	$42.10	$28.21	$21.26	$17.09	$14.32
1.50	$42.32	$28.42	$21.48	$17.31	$14.53
2.00	$42.54	$28.64	$21.70	$17.53	$14.75
2.50	$42.76	$28.86	$21.91	$17.75	$14.97
3.00	$42.98	$29.08	$22.13	$17.97	$15.19
3.50	$43.20	$29.30	$22.36	$18.19	$15.42
4.00	$43.42	$29.52	$22.58	$18.42	$15.65
4.50	$43.65	$29.75	$22.80	$18.64	$15.87
5 00	$43.87	$29.97	$23.03	$18.87	$16.10
5.50	$44.10	$30.20	$23.26	$19.10	$16.34
6.00	$44.32	$30.42	$23.49	$19.33	$16.57
6.50	$44.55	$30.65	$23.71	$19.57	$16.81

700	$44.77	$30.88	$23.95	$19.80	$17.05
7.50	$45.00	$31.11	$24.18	$20.04	$17.29
8.00	$45.23	$31.34	$24.41	$20.28	$17.53
8.50	$45.46	$31.57	$24.65	$20.52	$17.78
9.00	$45.68	$31.80	$24.89	$20.76	$18.03
9.50	$45.91	$32.03	$25.12	$21.00	$18.27
10,00	$46.14	$32.27	$25.36	$21.25	$18.53
10.50	$46.38	$32.50	$25.60	$21.49	$18.78
11.00	$46.61	$32.74	$25.85	$21.74	$19.03
11.50	$46.84	$32.98	$26.09	$21.99	$19.29
12.00	$47.07	$33.21	$26.33	$22.24	$19.55
12.50	$47.31	$33.45	$26.58	$22.50	$19.81
13.00	$47.54	$33.69	$26.83	$22.75	$20.07

Tabela oprocentowania

Kryteria suma finansowana $10,000.00 liczba dni do I. raty 30 sprzedaż detaliczna - orientacyjna rata miesięczna		Termin od 24 do 72 wzrost 12		Wielkość oprocentowania od 0 do 13 wzrost .50
Długość pożyczk i Rata	**24**	**36**	**48**	**60**	**72**
0.00	$416.67	$277.78	$208.33	$166.67	$138.89
0.50	$418.84	$279.92	$210.47	$168.79	$141.01
1.00	$421.02	$282.08	$212.61	$170.94	$143.16
1.50	$423.21	$284.25	$214.78	$173.10	$145.32
2.00	$425.40	$286.43	$216.95	$175.28	$147.50
2.50	$427.60	$288.61	$219.14	$177.47	$149.71
3.00	$429.81	$290.81	$221.34	$179.69	$151.94
3.50	$432.03	$293.02	$223.56	$181.92	$154.18
4.00	$434.25	$295.24	$225.79	$184.17	$156.45
4.50	$436.48	$297.47	$228.03	$186.43	$158.74
5.00	$438.71	$299.71	$230.29	$188.71	$161.05
5.50	$440.96	$301.96	$232.56	$191.01	$163.38
6.00	$443.21	$304.22	$234.85	$193.33	$165.73
6.50	$445.46	$306.49	$237.15	$195.66	$168.10

7.00	$447.73	$308.77	$239.46	$198.01	$170.49
7.50	$450.00	$311.06	$241.79	$200.38	$172.90
8.00	$452.27	$313.36	$244.13	$202.76	$175.33
8.50	$454.56	$315.68	$246.48	$205.17	$177.78
9.00	$456.85	$318.00	$248.85	$207.58	$180.26
9.50	$459.14	$320.33	$251.23	$210.02	$182.75
10.00	$461.45	$322.67	$253.63	$212.47	$185.26
10.50	$463.76	$325.02	$256.03	$214.94	$187.79
11.00	$466.08	$327.39	$258.46	$217.42	$190.34
11.50	$468.40	$329.76	$260.89	$219.93	$192.91
12.00	$470.73	$332.14	$263.34	$222.44	$195.50
12.50	$473.07	$334.54	$265.80	$224.98	$198.11
13.00	$475.42	$336.94	$268.27	$227.53	$200.74

Tabela oprocentowania

Kryteria suma finansowana $20,000.00 liczba dni do I. raty 30 sprzedaż detaliczna - orientacyjna rata miesięczna	Termin od 24 do 72 wzrost 12		Wielkość oprocentowania od 0 do 13 wzrost .50	
Długość pożyczki **Rata**	**24**	**36**	**48**	**60**	**72**
0,00	$833.33	$555.56	$416.67	$333.33	$277.78
0.50	$837.68	$559.85	$420.93	$337.59	$282.02
1.00	$842.04	$564.16	$425.23	$341.87	$286.31
1.50	$846.42	$568.50	$429.55	$346.20	$290.64
2.00	$850.81	$572.85	$433.90	$350.56	$295.01
2.50	$855.21	$577.23	$438.28	$354.95	$299.42
3.00	$859.62	$581.62	$442.69	$359.37	$303.87
3.50	$864.05	$586.04	$447.12	$363.83	$308.37
4.00	$868.50	$590.48	$451.58	$368.33	$312.90
4.50	$872.96	$594.94	$456.07	$372.86	$317.48
5.00	$877.43	$599.42	$460.59	$377.42	$322.10
5.50	$881.91	$603.92	$465.13	$382.02	$326.76
6.00	$886.41	$608.44	$469.70	$386.66	$331.46
6.50	$890.93	$612.98	$474.30	$391.32	$336.20

7.00	$895.45	$617.54	$478.92	$396.02	$340.98
7.50	$899.99	$622.12	$483.58	$400.76	$345.80
8.00	$904.55	$626.73	$488.26	$405.53	$350.66
8.50	$909.11	$631.35	$492.97	$410.33	$355.57
9.00	$913.69	$635.99	$497.70	$415.17	$360.51
9.50	$918.29	$640.66	$502.46	$420.04	$365.49
10.00	$922.90	$645.34	$507.25	$424.94	$370.52
10.50	$927.52	$650.05	$512.07	$429.88	$375.58
11.00	$932.16	$654.77	$516.91	$434.85	$380.68
11.50	$936.81	$659.52	$521.78	$439.85	$385.82
12.00	$941.47	$664.29	$526.68	$444.89	$391.00
12.50	$946.15	$669.07	$531.60	$449.96	$396.22
13.00	$950.84	$673.88	$536.55	$455.06	$401.48

Tabela oprocentowania

Kryteria suma finansowana $30,000.00 liczba dni do I. raty 30 sprzedaż detaliczna - orientacyjna rata miesięczna	Termin od 24 do 72 wzrost 12		Wielkość oprocentowania od 0 do 13 wzrost .50	
Długość pożyczki Rata	**24**	**36**	**48**	**60**	**72**
0.00	$1250.00	$833.33	$625.00	$500.00	$416.67
0.50	$1256.52	$839.77	$631.40	$506.38	$423.03
1.00	$1,263.06	$846.24	$637.84	$512.81	$429.47
1.50	$1,269.62	$852.74	$644.33	$519.30	$435.96
2.00	$1,276.21	$859.28	$650.85	$525.83	$442.51
2.50	$1,282.81	$865.84	$657.42	$532.42	$449.13
3.00	$1,289.44	$872.44	$664.03	$539.06	$455.81
3.50	$1,296.08	$879.06	$670.68	$545.75	$462.55
4.00	$1,302.75	$885.72	$677.37	$552.50	$469.36
4.50	$1,309.4	$892.41	$684.10	$559.29	$476.22

	3				
5.00	$1,316.14	$899.13	$690.88	$566.14	$483.15
5.50	$1,322.87	$905.88	$697.69	$573.03	$490.14
6.00	$1,329.62	$912.66	$704.55	$579.98	$497.19
6.50	$1,336.39	$919.47	$711.45	$586.98	$504.30
7.00	$1,343.18	$926.31	$718.39	$594.04	$511.47
7.50	$1,349.99	$933.19	$725.37	$601.14	$518.70
8.00	$1356.82	$940.09	$732.39	$608.29	$526.00
8.50	$1,363.67	$947.03	$739.45	$615.50	$533.35
9.00	$1,370.54	$953.99	$746.55	$622.75	$540.77
9.50	$1,377.43	$960.99	$753.69	$630.06	$548.24
10.00	$1,384.35	$968.02	$760.88	$637.41	$555.78
10.50	$1,391.28	$975.07	$768.10	$644.82	$563.37
11.00	$1,398.24	$982.16	$775.37	$652.27	$571.02
11.50	$1,405.21	$989.28	$782.67	$659.78	$578.73
12.00	$1,412.20	$996.43	$790.02	$667.33	$586.51

12.50	$1,419.22	$1,003.61	$797.40	$674.94	$594.34
13.00	$1,426.25	$1,010.82	$804.82	$682.59	$602.22

Tabela oprocentowania

Kryteria suma finansowana $40,000.00 liczba dni do I. raty 30 sprzedaż detaliczna - orientacyjna rata miesięczna	Termin od 24 do 72 wzrost 12		Wielkość oprocentowania od 0 do 13 wzrost .50	
Długość pożyczki Rata	**24**	**36**	**48**	**60**	**72**
0.00	$1,666.67	$1,111.11	$833.33	*$666.67*	*$555.56*
0.50	$1675.36	$1,119.70	$841.87	$675.17	$564.05
1.00	$1,684.08	$1,128.32	$850.46	$683.75	$572.62
1.50	$1,692,83	$1,136.99	$859.10	$692.40	$581.28
2.00	$1,701.61	$1,145.70	$867.80	$701.11	$590.02
2.50	$1,710.42	$1,154.46	$876.56	$709.89	$598.84
3.00	$1,719.25	$1,163.25	$885.37	$718.75	$607.75
3.50	$1728.11	$1,172.08	$894.24	$727.67	$616.74
4.00	$1,737.00	$1,180.96	$903.16	$736.66	$625.81
4.50	$1,745.91	$1,189.88	$912.14	$745.72	$634.96
5.00	$1,754.86	$1,198.84	$921.17	$754.85	$644.20
5.50	$1,763.83	$1,207.84	$930.26	$764.05	$653.52
6.00	$1,772.82	$1,216.88	$939.40	$773.31	$662.92

6.50	$1,781.85	$1,225.96	$948.60	$782.65	$672.40
7.00	$1,790.90	$1,235.08	$957.85	$792.05	$681.96
7.50	$1,799.98	$1,244.25	$967.16	$801.52	$691.60
8.00	$1,809.09	$1,253.45	$976.52	$811.06	$701.33
8.50	$1818.23	$1,262.70	$985.93	$820.66	$711.14
9.00	$1,827.39	$1,271.99	$995.40	$830.33	$721.02
9.50	$1,836.58	$1781.32	$1,004.93	$840.07	$730.99
10.00	$1,845.80	$1,290.69	$1,014.50	$849.88	$741.03
10.50	$1,855.04	$1,300.10	$1,024.14	$859.76	$751.16
11.00	$1,864.31	$1,309.55	$1,033.82	$869.70	$761.36
11.50	$1,873.61	$1,319.04	$1,043.56	$879.70	$771.65
12.00	$1,882.94	$1,328.57	$1,053.35	$889.78	$782.01
12.50	$1,892.29	$1,338,15	$1,063.20	$899.92	$792.45
13.00	$1,901.67	$1,347.76	$1,073.10	$910.12	$802.96

Tabela oprocentowania

Kryteria suma finansowana $50,000.00 liczba dni do I. raty 30 sprzedaż detaliczna - orientacyjna rata miesięczna		Termin od 24 do 72 wzrost 12		Wielkość oprocentowania od 0 do 13 wzrost .50
Długość pożyczki Rata	**24**	**36**	**48**	**60**	**72**
0.00	$2,083.33	$1,388.89	$1,041.67	$833.33	$694.44
0.50	$2,094.20	$1,399.62	$1,052.34	$843.97	$705.06
1.00	$2,105.10	$1,410.40	$1,063.07	$854.69	$715.78
1.50	$2,116.04	$1,421.24	$1,073.88	$865.49	$726.60
2.00	$2,127.01	$1,432,13	$1,084,76	$876.39	$737.52
2.50	$2,138.02	$1,443.07	$1,095.70	$887.37	$748.55
3.00	$2,149.06	$1,454.06	$1,106.72	$898.43	$759.68
3.50	$2,160.14	$1,465,10	$1,117.80	$909.59	$770.92
4.00	$2,171.25	$1,476.20	$1,128.95	$920.83	$782.26
4.50	$2,182.39	$1,487.35	$1,140.17	$932.15	$793.70
5.00	$2,193.57	$1,498.54	$1,151.46	$943.56	$805.25
5.50	$2,204.78	$1,509.80	$1,162.82	$955.06	$816.89
6.00	$2,216.03	$1,521.10	$1,174.25	$966.64	$828.64
6.50	$2,227.31	$1,532.45	$1,185.75	$978.31	$840.50

7.00	$2,238.63	$1,543.85	$1,197.31	$990.06	$852.45
7.50	$2,249.98	$1,555.31	$1,208.95	$1,001.90	$864.51
8.00	$2,261.36	$1,566.82	$1,220.65	$1,013.82	$876.66
8.50	$2,272.78	$1,578.38	$1,232.42	$1,025.83	$888.92
9.00	$2,284.24	$1,589.99	$1,244.25	$1,037.92	$901.28
9.50	$2,295.72	$1,601.65	$1,256.16	$1,050.09	$913.73
10.00	$2,307.25	$1,613.36	$1,268.13	$1,062.35	$926.29
10,50	$2,318.80	$1,625.12	$1,280,17	$1,074.70	$938.95
11.00	$2,330.39	$1,636.94	$1,292.28	$1,087.12	$951.70
11.50	$2,342.02	$1,648.80	$1,304.45	$1,099.63	$964.56
12.00	$2,353.67	$1,660.72	$1,316.69	$1,112.22	$977.51
12.50	$2,365.37	$1,672.68	$1,329.00	$1,124.90	$990.56
13.00	$2,377.09	$1,684.70	$1,341.37	$1,137.65	$1,003,71

Tabela oprocentowania

Kryteria suma finansowana $60,000.00 liczba dni do I. raty 30 sprzedaż detaliczna - orientacyjna rata miesięczna	Termin od 24 do 72 wzrost 12		Wielkość oprocentowania od 0 do 13 wzrost .50	
Długość pożyczk i Rata	**24**	**36**	**48**	**60**	**72**
0.00	$2500.00	$1,666.67	$1,250.00	$1,000.00	$833.33
0.50	$2,513.04	$1,679.55	$1,262.80	$1,012.76	$846.07
1.00	$2,526.12	$1,692.49	$1,275.69	$1,025,62	$858.93
1.50	$2,539.25	$1,705.49	$1,288.66	$1,038.59	$871.92
2,00	$2,552.42	$1718.55	$1,301.71	$1,051.67	$885.03
2.50	$2,565.62	$1,731.68	$1,314.84	$1,064.84	$898.26
3.00	$2,578.87	$1,744.87	$1,328.06	$1,078.12	$911.62
3.50	$2,592.16	$1,758.12	$1,341.36	$1,091.50	$925.10
4.00	$2,605.50	$1,771.44	$1,354.74	$1,104.99	$938.71

4.50	$2,618.87	$1,784.82	$1,368.21	$1,118.58	$952.44
5.0	$2,632.28	$1,798.25	$1,381.76	$1,132.27	$966.30
5.50	$2,645.74	$1,811.75	$1,395.39	$:L,146.07	$980.27
6.00	$2,659.24	$1,825.32	$1,409.10	$1,159.97	$994.37
6.50	$2672.78	$1,838.94	$1,422.90	$1,173.97	$1,008.60
7.00	$2,686.35	$1,852.63	$1,436.77	$1,188.07	$1,022.94
7.50	$2,699.98	$1866.37	$1,450.73	$1,202.28	$1,037.41
8.00	$2,713.64	$1,880.18	$1,464.78	$1,216.58	$1,051.99
8.50	$2,727.34	$1894.05	$1,478.90	$1,230.99	$1,066.70
9.00	$2,741.08	$1,907.98	$1,493.10	$1,245.50	$1,081.53
9.50	$2,754.87	$1,921.98	$1,507.39	$1,260.11	$1,096.48
10.00	$2,768.70	$1,936.03	$1,521.76	$:1,274.82	$1,111.55
10.50	$2,782.56	$1,950.15	$1,536.20	$1,289.63	$1,126.74
11.00	$2,796.47	$1,964.32	$1,550.73	$1,304.55	$1,142.04
11.50	$2,810.42	$1,978.56	$1,565.34	$1,319.56	$1,157.47

12.00	$2,824.41	$1,992.86	$1,580.03	$1,334.67	$1,173.01
12.50	$2,838.44	$2,007.22	$1,59480	$1,349.88	$1,188.67
13.00	$2,852.51	$2021.64	$1,609.65	$1,365.18	$1,204.45

Lista elementów do sprawdzenia przed zakupem samochodu	Ocena	Komentarz
Na zewnątrz		
Stylistyka – wygląd.		
Wykończenie.		
Wewnątrz		
Jakość materiałów.		
Pozycja kierowcy.		
Ergonomia.		
Dostępność i łatwość wejścia.		
Wygoda siedzeń z przodu i tyłu.		
Ilość miejsca na głowę.		
Ilość miejsca na nogi.		
Dostęp do instrumentów i łatwość dostrzegania wskaźników.		

Pojemność bagażnika. Miejsca na napoje, płyty, mapy. Gniazdka zasilania 12V.		
CAŁKOWITA OCENA		

Lista elementów do sprawdzenia podczas jazdy próbnej	Ocena	Komentarz
Przyspieszenie ze stopu i podczas mijania.		
Hamowanie.		
Przyczepność na zakrętach.		
Łatwość skrętu i parkowanie.		
Wygoda.		
Zawieszenie.		
Pozycja podczas jazdy.		
Skrzynia biegów.		
Hałas z silnika, opon i wiatru.		
Widoczność.		
Lusterka wsteczne i kamery.		
CAŁKOWITA OCENA		

Polskie strony pomocne przy sprzedaży i kupnie samochodu w USA

PolishPages – polishpages.com

Poland.us – poland.us

www.Ogloszenie.us

Pajęczyna - pajeczyna.com

Bazarynka – bazarynka.com

www.drobnica.com

Ceny nowych i używanych samochodów

AutoSite – autosite.com

Edmunds – edmunds.com

IntelliChoice – intellichoice.com

Kelley Blue Book – kbb.com

National Automobile Dealer Association – nada.com

Kupno i sprzedaż samochodów

(ceny/rabaty)

Auto Trader – autotrader.com

Autobytel – autobytel.com

CarBargains – checkbook.org

Car.com – car.com

Cars.com – cars.com

CarsDirect – carsdirect.com

DealerNet – dealernet.com

IntelliChoice – intellichoice.com

InvoiceDealers - invoicedealers

NewCars – newcars.com

Usedcars.com – usedcars.com

Porównania i oceny samochodów

Auto Week – autoweek.com

Automobile – automobilemag.com

Car and Driver - caranddriver.com

Consumer Reports – consumerreports.org

Epinions – epinions.com

Motor Trend – motortrend.com

Road and Truck – roadandtruck.com

Truck Trend – trucktrend.com

Bezpieczeństwo

Insurance Institute for Highway Safety – hwysafety.org

National Highway Traffic Safety Administration – nhtsa.gov

NHTSA wyniki testów – safecar.gov

Zużycie paliwa

Federal fuel-economy estimates – fueleconomy.gov

EPA Green Vehicle Guide – epa.gov/greenvehicles

Raporty dotyczące historii samochodu

Carfax – carfax.com

DMV.org – dmv.org

Experian – autocheck.com

Raporty dotyczące historii kredytowej

Annual Credit Report – annualcreditreport.com

Equifax – Equifax.com

Experian – Experian.com

myFICO – myfico.com

TransUnion – transunion.com

Informacje na temat leasingu

Automotive Lease Guide – alg.com

Federal Reserve Board – federalreserve.gov/pubs/leasing

LeaseSource – leasesource.com

IntelliChoice – intellichoice.com

Pożyczki Bankowe

Polska Unia Kredytowa - https://pl.psfcu.com

Bank Rate Monitor – bankrate.com

E-loan- eloan.com

Lending Tree – lendingtree.com

VirtualBank – virtualbank.com

Strony internetowe najważniejszych producentów

Acura – acura.com

Audi – audiusa.com

BMW – bmwusa.com

Buick - buick.com

Cadillac – cadillac.com

Chevrolet – chevrolet.com

Chrysler – chrysler.com

Dodge – dodge.com

Ford – fordvehicles.com

GMC – gmc.com

Honda – hondacars.com

Hummer – hummer.com

Hyundai – hyundaiusa.com

Infinity – infinity.com

Isuzu – isuzu.com

Jaguar – jaguar.com

Jeep – jeep.com

Kia – kia.com

Lexus – lexus.com

Lincoln – lincolnvehicles.com

Lotus – lotuscars.com

Mazda – mazdausa.com

Mercedes-Benz – mbusa.com

Mercury – mercuryvehicles.com

Mini – miniusa.com

Mitsubishi – mitsubishicars.com

Nissan – nissanusa.com

Pontiac – pontiac.com

Porsche – us.porsche.com

Saab – saabusa.com

Saturn – saturn.com

Scion – scion.com

Smart – smartusa.com

Subaru – subaru.com

Suzuki – suzukiauto.com

Toyota – toyota.com

Tesla - teslamotors.com

Volkswagen – vw.com

Volvo – volvo cars.com

Adresy instytucji charytatywnych:

Kościół Chrześcijan Wiary Ewangelicznej

ul. Kowalczewskiego 11/16

25-635 Kielce

Poland

The Salvation Army National Headquarters
615 Slaters Lane
P.O. Box 269
Alexandria, VA 22313

Oddanie samochodu / Car Donation

1 888 999 ARMY (2769)

Phone Donations:
1-800-SAL-ARMY

http://www.salvationarmyusa.org/usn/www_usn_2.nsf

Teen Challenge International, USA

5250 N Towne Centre Dr

Ozark, MO 65721

(417) 581-2181 phone

http://teenchallengeusa.com/

Catholic Charities USA - Caritas USA

Sixty-Six Canal Center Plaza
Suite 600
Alexandria, VA 22314

Telephone: +1 (703) 549-1390

DONATIONS: 1-800-919-9338

http://www.catholiccharitiesusa.org/NetCommunity/Page.aspx?pid=1707

Compassion International

Mailing address
Compassion International
Colorado Springs, CO 80997
Street address
12290 Voyager Parkway
Colorado Springs, CO 80921
 (800) 336-7676

http://www.compassion.com/

Missionaries to the Preborn • P.O. Box 26931

Milwaukee, WI 53266 • (414) 462-3399

http://www.missionariestopreborn.com/donate.html

www.ingramcontent.com/pod-product-compliance
Lightning Source LLC
Chambersburg PA
CBHW030808180526
45163CB00003B/1193